风雨不动安如山

杜甫传

中国友谊出版公司

图书在版编目（CIP）数据

风雨不动安如山：杜甫传 / 王海侠著 . -- 北京 ：
中国友谊出版公司，2025. 1. -- ISBN 978-7-5057-6062-
2

Ⅰ. K825.6

中国国家版本馆 CIP 数据核字第 2024Z6F450 号

书名	风雨不动安如山：杜甫传
作者	王海侠
出版	中国友谊出版公司
发行	中国友谊出版公司
经销	新华书店
印刷	天宇万达印刷有限公司
规格	880 毫米×1230 毫米　32 开
	8 印张　139 千字
版次	2025 年 1 月第 1 版
印次	2025 年 1 月第 1 次印刷
书号	ISBN 978-7-5057-6062-2
定价	48.00 元
地址	北京市朝阳区西坝河南里 17 号楼
邮编	100028
电话	（010）64678009

杜甫字子美少貧舉進士不第天寶末奏
賦帝奇之使待制集賢院後拜右拾遺
上書救房琯黜流劍南依嚴武為參
謀撿校工部員外郎嘗裸李白過遊
汴州酒酣登吹臺慷慨懷古人莫測也
故昌黎詩云李杜文章在光焰萬丈長

佚名《历代圣贤半身像册》之杜甫

杜審言字必簡善五言詩工書翰少與李嶠崔融蘇味道為文章四友擢進士第為隰城尉性矜誕嘗語人曰吾文章合得屈宗作衙官吾之書跡合以王羲之比面累轉洛陽丞武后名見令賦歡喜詩甚見嘉賞授著作佐郎遷膳部員外郎神龍中為國子監主簿修文館直學士

[清] 丁观鹏《唐二十四学士图》之杜审言

李白一
斗诗百
篇长安
市上酒
家眠天
子呼来
不上船
自称臣
是酒中
仙

［元］任仁发《饮中八仙图卷》（部分）

［清］王时敏《杜甫诗意图册》（部分）

目录 CONTENTS

第九章 孤舟望长安

第一章

鲜衣怒马少年郎

会当凌绝顶，
一览众山小。

笔架山下，七龄思即壮

广袤中国，山河壮阔。山与水，如同每个人一样，各有独立的个性和气质。山水的气质，同时也塑造、影响着生于山间水畔之人的气质。

唐代的巩县（今河南巩义）瑶湾村有一座山峰，形似笔架，人称笔架山，山后有池，人称砚台池。山名笔架，水名砚台，预示着此地文脉昌盛。果真不负此名，712年，笔架山下的一孔窑洞里，出生了一个小男孩，他就是后来被誉为"中国最伟大诗人"的杜甫。山水若有知，也必会感念，何其有幸，孕此诗魂。

712年是一个不寻常的年份，光是年号就有四个。原本这一年应称为唐睿宗景云三年，但在正月时改元太极，五月改元延和，八月改元先天。年号的频频更换，意味着朝局的动荡不安。彼时的唐朝廷上，七月二十五日，唐睿宗下诏正式让位给他的第三个儿子李隆基，是为唐玄宗，也称唐明皇。在这之后的第二年，这位年轻的新皇帝意气风发，真正掌握了皇权，他即将用超群的才智与勇气，开创一个繁盛的时代。

就社会大环境而言，生于此年的杜甫，看来挺幸运，因为他即将随着盛世同步成长。不过，这似乎也意味着，他的命运和时代联系会过于紧密。套用一句话，时代的一粒灰，落在个人头上，就是一座山。如果时代产生山崩地裂的巨变，个人又将会有怎样的遭际？

自然，对于当时身处那个时代之中的人而言，并不会想到这些。普通民众眼中看到的，只有真实平凡的生活，具体而琐碎。

就个人的生长环境而言，杜甫的运气也不算坏。至少，在他刚刚出生的时候，家庭还安定：父亲杜闲在朝中任职，虽然职位不高，但可确保生活无忧；母亲出身于世家大族清河崔氏，她的兄弟们都很有作为。

可以想象，幼年时的杜甫拥有和平常孩子一样的快乐童年。在电影《长安三万里》中，小时候的杜甫活泼可爱、萌态十足，这在真实的历史中，不是没有可能。每个身心健康的孩子，在童年时都会流露出率真淘气的天性，人们之所以会对杜甫童年的活泼形象感到惊讶，不过是受史书、诗文中成年后的杜甫忧国忧民、严肃刻板的形象的影响。

在他的诗作中，我们未曾发现任何关于其生母的描述，这或许暗示着他在尚未具备记事能力的年纪便失去了母亲的陪伴。这无疑是一种不幸的遭遇，然而，从另一方面来看，这亦是一种幸运。由于母亲过早离世，杜甫并未形成深刻的记忆，因此也未尝受到失去亲人的深切痛苦。

另一种幸运，源自一位对杜甫而言，虽非生母却胜似母亲的女性。

幼年的杜甫身体羸弱，时常患病，特别需要那份细致入微的关怀与照料。每当杜甫卧病在床，其姑姑们皆会前来探望并予以照料，尤以二姑为甚。她不顾路途遥远，常常来探望年幼的杜甫，给予他无尽的温暖与呵护。

二姑去世后，杜甫在墓志铭里称她为"慈母"，说"慈母每谓于飞来，幼童亦生乎感悦"。一个"飞"字，表明二姑与杜甫对彼此相见都极为渴念，当时尚是幼童的杜甫，对二姑给予的爱，既感动又欣悦。

或许正是因为二姑对杜甫格外怜爱，杜闲外出做官时，杜甫就被寄养在了二姑家里。

二姑所嫁之人叫裴荣期，也在朝中做官，他们夫妻住在洛阳建春门内的仁风里。里，是高墙围成的正方形居住区域，也称里坊或坊。于杜甫来说，仁风里，地如其名，满溢着仁爱之风——浓厚的爱，从怀着一颗仁心的二姑身上，源源不断地流向杜甫。

二姑是一位极善良温厚的女性，她将小杜甫缺失的母爱，进行了加倍补偿。她对杜甫的爱甚至超过了她对自己儿子的爱。有一次，杜甫和二姑的儿子同时病重，二姑无计可施，向女巫询问吉凶。女巫说，住在房间东南角的那个孩子，会逢凶化吉、转危为安。而那个孩子，正是二姑的亲生儿子。之后二姑竟将自己儿子搬到别的地方，让杜甫住了进去。最终杜甫得二姑用心看护而康复安好，二姑却永远地失去了儿子。

人生之初，有如此无私博大的爱为精神给养，这对杜甫的一生都至为重要。这种爱的滋养，给了童年杜甫充足的安全感，也让他拥有了爱的能力，让他在任何时候，眼中都不会只有自己的存在，让他在今后的人生道路上，看到自己苦难的同时，也能看到别人的苦难。杜甫之所以成为"诗圣"，这是一个不容忽视的因素。

杜甫是一个诗人。那样的年代里，史学家没有责任和义务记述一个诗人的生平，所以关于杜甫的童年，我们无法确切获知更多信息，也就无法用一条清晰的时间线，将所有细节填满，勾勒出一段饱满的岁月。我们所能做的，唯有从杜甫本人的诗文中，抓取一些回忆的碎片。

在杜甫晚年的回忆里，童年有这样一件事，让他印象很是深刻。

开元五年（717），年幼的杜甫在郾城（今河南郾城）观看了一场震撼人心的演出。彼时大唐国力日益强盛，大批西域胡人进入大唐境内之时，也将令唐人耳目一新的胡舞一并带入，剑器浑脱舞就是其中一种。当时，最擅长剑器浑脱舞的是一位叫作公孙大娘的女子。杜甫有幸观看了这位舞者的顶级表演。五十年后，飘零潇湘，即将走到生命尽头的杜甫，奇迹般地巧遇了公孙大娘的弟子，童年观舞的记忆复活，他于是写下一首《观公孙大娘弟子舞剑器行》诗。

有人质疑童年的杜甫何以能有如此清晰的记忆与深刻的感受。其实，记忆有如神迹，它是心灵在闪念间对于周遭正在发生的一切进行的本能性的选择与摄取，不能以年龄或生理的条件来框定，何况，杜甫是那种天分极高的孩子。或许，那种充满野性生命力的胡风舞蹈，正暗暗呼应了杜甫内心深处对于成长的热望，因而他将观舞这件事深深刻在了记忆里。

说到童年里成长的力量，更让杜甫自豪的，是他七岁诗咏凤凰、九岁练书法的经历。

七岁的孩童写诗，会写什么呢？骆宾王在七岁时写的鹅，是生活中常见的动物。杜甫七岁时也在诗里写动物，却是一种现实中并不存在的、承载着高深寓意的神鸟——凤凰。

杜甫在《壮游》①诗中自述："七龄思即壮，开口咏凤凰。"他是个从小就心志高远的孩子，对自己要求很高，也非常勤奋。"九龄书大字，有作成一囊。"九岁时，杜甫开始练书法，练过字的纸常常一装就是一大袋。古时，写诗作文、习大字是孩童必不可少的学习内容，对于世家子弟杜甫来说，更是如此。

写一手漂亮的字和诗文，然后参加科举考试、做官，这是那个时代大多数孩子的人生理想，但杜甫的理想显然不止于此。他自幼心气很高，有着远远高于一般孩子的理想。先祖中的优秀代表成了他的人生偶像，家族传统为他指明了努力的方向。一个人的成长，与生命之河的源头关系重大。

---

① 约作于大历元年（766），杜甫于诗中回忆自己的人生经历。

家族烙印，诗是吾家事

一个人精神特质的生长与形成，很难不受到先辈的影响，对于出身世家大族的杜甫来说，家族意识只会更加浓厚。

要了解一条河，就去探寻源头。要深知一个人，就去探寻这个人的出身和家世。

当童年杜甫开始最初的思考，思考自己将要成为一个怎样的人，家族往事便时时在他心头萦绕。而杜甫的心里，深深刻进了两个人的身影。这两个人，一位是杜甫的十三世祖杜预，另一位是杜甫的祖父杜审言。

漫长的岁月里，杜氏家族出现了很多卓越的人物，其中声名最著的是杜预。杜预是西晋名将，娶皇室公主为妻。他博学多才，文武双全。

于文，他博览群书，学养深厚，著有《春秋左氏经传集解》——这是一部对《左传》进行注解的书，唐代修《五经正义》、清代编《十三经注疏》时，都以此书为据。杜预去世后，配享孔庙，这是古代文化人的最高荣誉。

于武，杜预具有出众的军事才干，在西晋灭东吴的战争中功勋卓著，获封当阳县侯，人称"杜武库"。当年，西晋伐吴时，身为镇南大将军的杜预攻下江陵，取得大胜后，有人进言，说军士水土不服，不要立即进攻吴国首都建业。杜预坚持乘胜进攻，他说："现在我军士气高涨、斗志正强，这时候应该趁着军威大振继续进攻，这就像劈竹子一样，劈开了前面几节，然后接着往下劈，后面的竹子势必会顺利地一节节劈开。"杜预的建议终被接受，很快西晋便灭掉了吴国。

以杜预为中心向上追溯，其父杜恕于三国魏太和年间任散骑黄门侍郎，历任河东太守、御史中丞、幽州刺史等；其祖父杜畿于东汉末年任河东太守，曹魏时封丰乐亭侯，官至尚书仆射。杜预之后，其子杜耽曾任西晋凉州军司。杜耽之孙杜逊于东晋初年任魏兴太守，南迁至襄阳，由此成为襄阳杜氏的始祖。杜逊之后，其孙杜乾光的孙子杜叔毗为北周硖州刺史。

如水流逝的岁月中，多少朝代更迭，从杜畿到杜叔毗的这一系杜氏族人都在朝廷担任高官，但到了杜叔毗之后便逐渐式微。杜叔毗之子杜鱼石，在隋朝任获嘉县令。杜鱼石之子杜依艺，也就是杜甫的曾祖父，在唐代任巩县县令——也正因此，杜甫的出生地在巩县。

古人常会在名字前加一地名，以表明自己祖籍或出生地在何处。杜甫远祖为京兆杜陵（今陕西西安市东南）人，故而杜甫自称京兆杜甫。杜甫又属襄阳杜氏后裔，所以也可称为襄阳杜甫。值得一提的是，杜氏在唐代出了四位著名人物——杜审言、杜甫、杜佑、杜牧，这是两对祖孙组合。杜佑是唐代著名史学家，撰写了我国典制体史书的开山之作《通典》，官至宰相。杜佑之孙杜牧，是晚唐著名诗人。

杜审言为杜依艺之子，是杜甫的祖父。唐代文坛的才子中，杜审言是不可忽视的一位，他文章写得很好，与李峤、崔融、苏味道并称"文章四友"，又与较晚的宋之问、沈佺期齐名，他们三人都对近体诗的形成有过贡献。

诗文才华出众的杜审言，个性很是狂傲，曾自言文章胜过屈原、宋玉，书法胜过王羲之。苏味道任天官侍郎时，有一次，杜审言参加吏部试写判词的考试，出来后说："苏味道必死！"众人吓了一跳，问其原因，杜审言道："他看到我的判词，会当即羞愧而死。"杜审言临终时，宋之问、武平一等人去探病，杜审言说："我活着时，才华压制你们太久；我死了，你们可以感到宽慰了。遗憾的是，还没有看到能接替我的人。"杜审言的狂傲，竟至于此。

狂傲的杜审言并非不懂朝堂生存规则。当年，李峤、崔融、苏味道三人以文才获得武则天赏识做了高官，宋之问、沈佺期也因善写应制诗而得到赏识。杜审言虽不如宋、沈善于逢迎，但也曾为获得武则天的青眼而写下《欢喜诗》，并在获得授官后跳舞拜谢，同时与张易之兄弟也有往来。

这些往事，杜甫自然不会不知，只是作为晚辈，他不能也无法评判祖父的人品，他能做的，只有为祖父的诗歌才华感到自豪，对祖父的写诗传统予以继承，他选择性地接收了祖父留下的精神遗产，将写诗作为一种家族传承的使命慎重接受下来，并且用一生来践行。后来，在儿子宗武过生日时，杜甫说："诗是吾家事。"他希望写诗的传统在自己之后也能一代代传承下去，这是他们家族一项荣耀的事业。

杜审言个性中的傲气遗传给了杜甫些许。杜甫的人生理想，远不止像杜预建功立业那样简单，他要的是"致君尧舜上，再使风俗淳"，通过科举考试做官，辅佐出直追尧帝与舜帝的明君，并且使整个社会的风气更加清正。当杜甫以诗的形式说出这句理想宣言时，他还不知道，这个理想有多缥缈虚幻；也不知道，以后的人生道路上，就连平稳安全地活下去，都是无法想象的艰难。

除了杜预和杜审言，家族中还有一位先辈值得杜甫铭记，那就是杜审言的次子、杜甫的叔叔杜并。当年杜审言遭贬，与同僚不睦，有人蛊惑上司将其捉拿下狱，眼看将要问斩，时年十六岁的杜并手持利刃杀了父亲的上司，自己也因此丧生。杜并用自己的死换来了父亲的生。杜审言得救后，朝野上下纷纷传扬杜并的孝义之名，武则天也被惊动了，还赐官给杜审言。

其实，杜并的侠义热血并非偶然，其先祖杜叔毗就是一个慷慨豪侠之士。当年，杜叔毗的哥哥被曹策杀害，叔毗求告无门，于是诛杀了仇敌，然后去官府自首。宇文泰欣赏其侠义，不但免了其死罪，之后还封他做官。可见，侠义之气是深藏在杜家血脉里的。

父系家族的历史是荣耀，母系家族的历史却是让杜甫难以畅言的隐秘往事。

就母亲的家族而言，杜甫可以算是唐王室后裔。他的外祖母是唐太宗之孙李琮的女儿。武则天登上皇位后，李氏皇族遭到残酷屠戮。李琮和妻子被分关在不同的监狱，彼时杜甫的外祖母还是一个幼小的孩子，每天不顾劳累奔波两地分别为父母送饭，人们被其所感，称她为"勤孝"之人。

杜甫外祖父的母亲是唐高祖李渊之子舒王李元名的女儿。武则天执政时期，李元名被流放到利州（今四川广元），不久被杀。可以想见，杜甫外祖父的家族也同样遭受过迫害。

后来，尽管江山重归李氏，但母系家族那一言难尽的过往，仍是杜甫不愿提起的话题。无论如何，杜甫的身体里流淌着李唐皇族的血液，他对大唐王朝深沉的爱里，也有些许血缘认同与归属的成分。如此，我们就可以理解他在日后为何对唐王朝怀着炽热忠诚的情感了。

正是生命长河源头的种种支流，才汇成了杜甫的生命之河。家族过往的那些人与事，看似遥不可及，却又与他不无相关。

携带着家族烙印，杜甫从童年走向了少年。

洛阳城里，出游翰墨场

网络上有人问："为什么杜甫被称为'老杜'，李白没有被称为'老李'？"有人回答："杜甫从未年轻，李白从未老去。"在人们的认知里，杜甫似乎生来就是一身瘦骨、满面沧桑。可是，人们却忘记了，谁没拥有过青春欢畅的时候？杜甫也曾是一个身着鲜衣、狂傲不羁的少年啊。

杜甫的童年和少年时期，大部分时间是在洛阳度过的。彼时，洛阳是地位仅次于长安的全国第二大城市，经济繁荣，文化氛围浓厚，城中常有诸多文人往来交游、雅集聚会。因为父亲和二姑丈以及族中亲友多在朝为官，洛阳城有不少故交旧识，少年杜甫很自然地融入了文人圈子。他生性颖悟、勤奋努力，又受过严格良好的教育，诗文才华早早显现，在十四五岁的年纪，便开始与文坛名流往还。

"往者十四五，出游翰墨场。斯文崔魏徒，以我似班扬。"这是杜甫在《壮游》中追述少年时光的句子。诗句中"崔魏徒"指的是两个人：崔尚和魏启心。崔尚于700年进士及第，曾任祠部郎中；魏启心于706年进士及第，曾任豫州刺史。这两人虽不是名留青史的大人物，但在当时洛阳文坛也有一定地位。比杜甫大很多的他们，居然注意到了少年杜甫的存在，并且乐意与他交游，还称赏他的诗文才华有如班固和扬雄，言辞固然有溢美的成分，但也从侧面说明那时的杜甫已文名初显。

杜甫不止一次为少年时的自己诗赋出众、交游广阔而感到骄傲。他在《奉赠韦左丞丈二十二韵》一诗中就说："甫昔少年日，早充观国宾。读书破万卷，下笔如有神。赋料扬雄敌，诗看子建亲。李邕求识面，王翰愿卜邻。"

杜甫小小年纪便有幸得到了观赏国家大型典礼的机会。他在那样宏大繁华的场面中，切切实实地触摸到了大唐盛世之生命力饱涨的脉搏，这盛世和他一样，正在向着最美好的年华生长，只是，一切是否能如人所愿，华美与荣耀永不落幕？可能正因为亲眼见识过大唐的灿烂，日后盛世的凋零与破灭才让他痛彻心扉。

少年为国家骄傲，更为自己骄傲。读书不止万卷，下笔有如神助，赋可与扬雄匹敌，诗可与曹植并论，连李邕也想要结识他，王翰更是表示愿意与他做邻居。他如此讲述少年的自己，这并非妄言。朱鹤龄在《杜工部诗集辑注》中说："邕、翰皆公同时前辈，识面、卜邻乃当时实事。"

如果说得到崔尚和魏启心的鼓励尚不值得太过骄傲，那么"李邕求识面，王翰愿卜邻"却是实实在在可以骄傲一辈子的事。李邕、王翰均是当时名士，比杜甫年长很多，居然肯放低身段与一个十多岁的少年结识订交、卜邻而居，而这个少年虽说出身世家大族、书香门第，但并非权贵子弟，他们没必要曲意逢迎。能得到这两人发自内心的认可，说明杜甫的思想、见识已不俗。

杜甫有充分的自信和底气自夸，虽然口气有着杜审言式的狂妄，但是让人服气，因为他的确拥有这样的能力，他是一个对自己有着清醒认知的人。《壮游》中说："性豪业嗜酒，嫉恶怀刚肠。脱落小时辈，结交皆老苍。饮酣视八极，俗物多茫茫。"要感谢这些幸存的诗句，让我们看到了一个真实的、不再符号化的杜甫。原来，他当年是一个性情豪迈、酒量好、疾恶如仇、性情刚直的热血少年。这样的杜甫，似乎有几分李白的影子。只是，李白终其一生都保持着少年意气，而杜甫却在后来的世事磨折与人间流离中，渐渐隐藏、消磨了飞扬豪纵的少年意气。他的心性、他的文字，在满目疮痍和苦难中，宿命般地沉郁、厚重起来，向着大地无限接近。

杜甫不是没有年轻过，只是我们无缘见到他年轻的样子。幸而他会在老年时回顾少年，我们才借以看到青春的诗人，怎样地诗酒放旷、侠义热肠，怎样地渴望成熟，怎样不顾一切想要挣脱世俗的牵绊，想要超越平凡，成为一个卓绝的人。在同龄人中，他难觅知音，他所结交的都是苍老的前辈，他孤独，他饮酒，以醉眼看去，天下都是俗物。不必批评他的狂妄，狂妄意味着不甘，意味着追寻，意味着不愿让生命白白流逝，想要获取更大的价值。无狂妄，不青春。

　　少年杜甫的生活里，不只有笔墨飘香，也有丝竹吟唱。那时，他身为世家子弟，常跟着大人一起出现在王公或朝臣的家宴上。在岐王李范和崔涤的府邸，他见识到了大唐顶级音乐人李龟年的才华。那豪华的宴席，那欢娱的时刻，毕生难忘。那时的杜甫，还不会想到，人生其实就是一场宴席，最终会曲终人散。

　　除了舞文弄墨、宴饮酬唱，杜甫的少年岁月，也有着简单纯朴的快乐。后来的他，在《百忧集行》一诗里写道："忆年十五心尚孩，健如黄犊走复来。庭前八月梨枣熟，一日上树能千回。"幼年多病的杜甫，渐渐长成了如小牛犊一般活泼健壮的少年，总是蹦蹦跳跳，跑来跑去，手脚闲不住。秋天里，看着院里成熟的果实，一天中能有数千回爬上树去摘梨打枣。在那样的时刻，回归到真实、具体的日常生活中，这个十五岁的少年抛开了深沉的思索，变回了一个纯真的孩童，尽情享受清澈、自由的无忧时光。

然而，人却无法永远停留在无忧的童年和少年。杜甫一天天长大，即将成长为一名青年，他即将告别人生之初的岁月静好，遭遇越来越多的忧患。有关少年杜甫的一则传说，影射了这种忧患。

这个故事出自晚唐五代冯贽所著的《云仙散录》：杜甫十余岁时做了一个神奇的梦，梦中有人让他去往康水边。梦醒后，杜甫如约前往，在康水边遇见一位童子，那童子言说杜甫是被贬入凡间的天界文曲星。按童子指引，杜甫在豆垅下寻得一块石头，上面刻着神秘的金色篆文："诗王本在陈芳国，九夜扪之麟篆熟，声振扶桑享天福。"少年杜甫不知这石是上天赐给他的，带着去了葱市，结果回家后，飞火满室，有一个声音说："你接触的东西是对我的轻慢和玷辱，因而令你文而不贵。"

这是杜甫之后文人编写的神话，内容荒诞，却简洁而精准地概括了杜甫一生的命运：文而不贵。

在诗歌的国度里，他是王者。他的诗文如山如海，光耀大唐，名垂千古，他本人却在文字以外的现实世界里活得卑微潦倒。这不能不令人唏嘘又困惑，大概编故事的人也正有此感，对杜甫的命运深感同情，又无法理解上苍的不公，所以将这一切归因于天意。

吴越漫游，东下姑苏台

行万里路，和读万卷书一样重要。出门漫游，是读地面上的山水文章，亦是读世界万物这本大书。故而古代文人都喜欢漫游，尤其是将要进入社会的年轻人。从现实的层面说，漫游不仅可以增长见识，还能结交朋友、积累人脉，为进入仕途做准备。

在盛唐，漫游之风盛行，被称为漫游者的黄金时代。彼时，国力强盛，经济繁荣，社会治安状况很好，出行安全有保障，除了为官员和政府公务人员服务的驿站遍布全国，还有许多专为普通人开设的"逆旅"，相当于如今的旅馆。在那里，旅客不但可以住宿、吃饭，还可以租用车马、船只。在一些没有驿站和逆旅的偏僻之地，出行者也不用担心，那些地方常散落着由慈善组织和好心人兴建的义堂和义井。义堂是可以免费歇息的房间，义井是可以免费使用的水井，还设有炉灶、备有柴火，都是免费使用。

开元十八年（730），杜甫加入了漫游者的队伍，开始第一次出门远行。他要去的地方是距河南不远的山西郇瑕。郇瑕是郇和瑕两地的合称，本为春秋时期晋国的旧地，唐代属蒲州管辖，在如今的山西临猗一带。

蒲州治所在今永济，古称蒲坂，是传说中舜帝的都城所在。这里有一座始建于北周的古老楼台——鹳雀楼，不止一次被唐代诗人吟咏。杜甫在诗中没有写到鹳雀楼，所以无法确切得知他是否来此游览过，也无法得知郇瑕之游的更多细节。我们只知道，此次旅行，年轻的诗人结识了两位好友——韦之晋和寇锡。当时的他，或许没有想到会与这两个人成为一生的知交，也不会料到几十年后，晚年的他们会在南方相遇。他更不会想到，在距郇瑕仅几十里地的永乐（今山西芮城西南），出生了一个小他几岁的女孩。大唐王朝的命运将与这个女孩息息相关，而杜甫的命运也间接与之相连。那个女孩，就是日后的杨贵妃。

郇瑕之游，是漫游的开篇，也是初次的历练。第二年，杜甫又开始了一次历时四年的漫游，他的目的地是吴越（今江苏南部与浙江地区）。如今的南京、苏州、杭州、绍兴等地，都留下了他的足迹。

吴越地处江南，自古风物殊胜、人文荟萃，是很多读书人在梦里都想到达的地方，杜甫也不例外。他带着新奇的喜悦，将那些古迹文物、自然山水一一映入眼帘，记在心上。想必他也写了很多诗，可惜没有留存，我们依然只能在他晚年的回忆性诗篇里，打捞那些遗失的往事。

从洛阳出发，沿着运河，杜甫乘船到达江宁（今江苏南京）。江宁是六朝古都，这里不但遍布着台城、石头城、凤凰台等诸多历史古迹，而且还有众多历史名人的旧宅供人追慕怀想，比如陆机、陆云的读书堂，乌衣巷里的王导、谢安宅，编纂《文选》的昭明太子萧统当年的读书台……过往种种，或荣耀，或风雅，都已随岁月烟消云散，对此，杜甫仅用一句诗就作了高度概括："王谢风流远。"

令杜甫印象深刻的，是在瓦官寺看东晋著名画家顾恺之的壁画，许多年后，他还记得当时的感受："看画曾饥渴，追踪恨淼茫。虎头金粟影，神妙独难忘。"虎头是顾恺之的小字。

杜甫虽不是画家，但他是懂画的，他的很多咏画诗及画论，都证明了这一点。正因为他懂得顾恺之画作的神妙，所以观画时如饥似渴，只恨不能面识顾恺之，向他表达心中的感动与赞美。

艺术到了一定境界，都是相通的。杜甫童年时观公孙大娘的剑器舞，少年时聆听李龟年的音乐，青年时观顾恺之的画，舞蹈、音乐、绘画无疑会给他的文学带来滋养和升华。人生没有白走的路，所有的这些体验都在为杜甫成为一个伟大的诗人做着铺垫与准备。

在江宁，他认识了两位好友——他称之为许八的读书人和诗僧旻上人。多年以后，他在朝为官，与许八成了同僚，还因此回想起当年在江宁时，他与旻上人对弈赋诗、湖上泛舟的美好岁月，不禁泪洒衣襟。这是对知交故人，也是对浪漫青春的追忆与眷念。

杜甫在姑苏停留了不少时日。姑苏台，吴王阖闾所筑，其子夫差于其上建有馆娃宫等，常与西施在此寻欢作乐，后越国伐吴，此台毁于兵乱。杜甫看到的姑苏台，只是遗迹。虎丘是阖闾的长眠之地，据说当年以扁诸剑、鱼肠剑等三千把宝剑为阖闾陪葬，三日后有白虎盘踞墓丘之上，故名虎丘。虎丘有剑池，传说秦始皇东游到此，掘开阖闾墓葬寻求鱼肠剑，被凿之地遂成深涧。杜甫来时，阖闾墓早已荒废，只有剑池边的石壁高峭兀立，所以他说"阖闾丘墓荒""剑池石壁仄"。

城西南有长洲苑，是当年吴王的游猎之地。杜甫去时，只看到一片荬荷飘香的茫茫水域。经过聚姑苏之繁华的阊门，沿内下塘街向东不远便是泰伯庙。相传古公亶父见姬昌——后来的周文王——贤良有德，便想将君位传给姬昌之父季历，这样就可以顺利传给姬昌。无奈季历为幼子，按规矩君位一般由长子继承。长子泰伯看出了父亲的心思，深明大义，带着二弟仲雍来到南方，后来成了吴国的始祖。杜甫不止一次来泰伯庙拜谒，这个深受儒家文化熏陶的青年，每每想起泰伯当年的义举，都感动到落泪。

走进姑苏城，想着前人的故事，杜甫感慨万千。他看着出海远行的船只，还曾起心动念想要出海，却因种种原因未能成行，留下终生憾恨，许多年以后他还在《壮游》里写道："到今有遗恨，不得穷扶桑。"

后来，他又来到了越州（今浙江绍兴）。在这里，他追寻卧薪尝胆的勾践以及巡游天下经过此地的秦始皇遗留的气息，更有时空苍茫之感。除此之外，皮肤白皙、容颜秀美的江南女子，水波明净、清凉沁骨的鉴湖水，又给他不同于历史沧桑的美的感受。

他游览了剡溪。谢灵运曾经以诗咏此地："竹缘浦以被绿，石照涧而映红。月隐山而成阴，木鸣柯以起风。"其景色果然不负他的期待，"剡溪蕴秀异，欲罢不能忘"。还有天姥山，也是名士喜爱的游览之地。在领略了剡溪与天姥山的美之后，杜甫不得不怀着留恋踏上归途，因为他要回去参加科举考试："归帆拂天姥，中岁贡旧乡。"

他并不知道，那些日子，既是他与梦里江南、吴越大地的初次相见，也是最后一次相见。

放荡齐赵，会当凌绝顶

开元二十三年（735），杜甫从吴越漫游归来，通过县、州考试之后，又参加了进士考试。考试在洛阳崇业坊福唐观举行，当时唐玄宗正在洛阳长住。

出人意料的是，杜甫落榜了。唐代的科举考试，进士科最热门，也最难考，常常有两三千人参加考试，最终上榜的不会超过三十人。杜甫参加的这次考试，也只取进士二十七人。

对于自己的才华，杜甫极为自信。"气劘屈贾垒，目短曹刘墙"，他自认与屈原、贾谊、曹植、刘桢不相上下。或许显得狂妄，但从文学史上的成就来说，的确如此。只是，能够左右考试结果的因素太多，杜甫能做的，只有接受现实。好在，他还年轻，还可再战，未来还有无限可能，所以他并没有因此消沉颓废。不久之后，他再次开始了漫游。

漫游也并非毫无选择地盲目行走。杜甫去往吴越时，是因为有叔父和姑父在江南任职。这次去往齐赵（今山东一带和河北南部），是因为父亲杜闲正在那里担任兖州（今山东济宁兖州区）司马。无论今古，旅行，尤其是长时间、长距离的旅行，总要有强大的经济实力作为后盾。彼时的杜甫，还是一个世家子弟，生活无忧，没有负累，只需享受当下的岁月静好、青春快意。

在兖州，杜甫登上城楼，写下《登兖州城楼》一诗：

> 东郡趋庭日，南楼纵目初。
>
> 浮云连海岱，平野入青徐。
>
> 孤嶂秦碑在，荒城鲁殿余。
>
> 从来多古意，临眺独踟蹰。

在城楼上纵目眺望，但见云海茫茫、大地辽远，天地朗阔，人的思绪也自由无碍地飘飞。杜甫似乎看见了云海深处那遥远的东海与泰山，也似乎看见了在平原上孤立着的、秦始皇当年巡游时留下刻石的峄山。苍茫的时空，充满浓厚古意，不禁令人心生惆怅。

这首诗幸运地留存到现在，让我们得以一窥二十五岁杜甫的手笔。这首诗有杜审言的阔远，有陈子昂的苍古，笔力浑厚，沉郁之气隐约可见。那时，年轻的诗人已经开始有意识地追求诗风的独特了。

这一时期杜甫留下的诗中，最为人称道的是《望岳》。

"岱宗夫如何？齐鲁青未了。"杜甫看到的泰山究竟是怎样的呢？只见一片青苍的山脉绵延横亘齐鲁大地，看不到尽头。

"造化钟神秀，阴阳割昏晓。"正是因为天地造化对泰山的偏爱，才让这座山如此地具有神韵和灵气，它直上云霄，似乎将天地分割为了两部分，一半阳一半阴，一半晨一半昏。一个"割"字，用得极为精准传神。叶嘉莹先生说杜甫"找了一个最有力量、最鲜明、最恰当的字用在这里"。这正是评论家所说的杜甫用字"坚而难移"，一字都改不了。那么年轻的杜甫，就有如此深厚的炼字功夫。

"荡胸生曾云，决眦入归鸟。"向山上爬，白云在胸前飘荡，天空中飞鸟的身影消失在目光的尽头。

"会当凌绝顶，一览众山小。"如果登上了泰山的顶峰，就会理解孔子所说的"登泰山而小天下"，其他的山都变得那么矮小。

在泰山脚下，杜甫遇到了苏源明。苏源明是京兆武功（今陕西武功西北）人，出身贫苦，少年时从家乡步行两千多里至泰山之麓读书。与苏源明同游的场景，杜甫多年后忆起，还历历如在目前："春歌丛台上，冬猎青丘旁。呼鹰皂枥林，逐兽云雪冈。射飞曾纵鞚，引臂落鹙鸧。苏侯据鞍喜，忽如携葛强。"

春天，他们于赵武灵王所修筑的丛台上吟啸放歌；冬日，他们于齐景公曾经巡狩的青丘纵马游猎。杜甫早已不是那个体弱多病的孩童，他也有很好的箭术，在他搭弓上箭射中一只鸟时，苏源明欣喜不已，将杜甫比作晋代名将葛强。

在距兖州六十里的任城（今山东济宁任城区），杜甫与许主簿同游南池，写下了"晚凉看洗马，森木乱鸣蝉"这样的佳句。那时的杜甫并不知道，在他离开后不久，李白就会来到这里。茫茫人海，他们注定会相遇，只是不在此时。杜甫也不会知道，很多年以后，清朝的乾隆皇帝来游南池，拜谒杜甫祠堂后，写下了这样的诗句："便弗叩还应下拜，此人诗合是吾师。"作为自古以来写诗最多的人，乾隆皇帝的诗写得不能说非常好，但他的眼光很好，说自己应该向杜甫学习如何作诗。

此次漫游，杜甫还拜访了隐居在这一带的张玠。隋末李渊、李世民起义时，刘文静是坚定支持者之一。张玠是刘文静的外孙，为人侠义淡泊，颇有名士之风。张玠的儿子张建封，当时还是个孩子。多年以后，张建封长大成人，与老去的杜甫在湖南有过一次相遇。人与人之间的机缘，真是奇妙。

开元二十七年（739）秋天，在距兖州不远的汶上，杜甫结识了一生中最重要的朋友之一——高适。

高适是渤海蓨（今河北景县）人，其出身比苏源明还要穷苦，早年颠沛流离，有时竟沦落到讨饭的地步。与杜甫相识时，高适已经三十几岁，仍穷愁潦倒，一事无成。相形之下，杜甫那时的处境要好很多。当高适还在为基本的生存而忧心时，杜甫过的是衣食无忧、快意漫游的生活。

令人慨叹的是，多年以后，两人的处境来了个对调。高适一步步迎来人生的高光，成为朝廷器重的高官，而杜甫则一步步沦落为到处漂泊、生计无着的平民。

开元二十九年（741），父亲杜闲去世，杜甫结束了历时五年的齐赵漫游。自此，人生境况愈下。他已经三十岁了，失去了父亲的荫庇，他需要成家立业，去创造自己的人生。放荡不羁、裘马清狂的日子，很难再有。

杜甫的家族墓地建在离洛阳不远的偃师首阳山下，那里有山有水，风景优美。杜甫在附近的陆浑庄筑室而居，一边读书，一边为父亲守孝。在寒食节，他写下《祭远祖当阳君文》，决心要以杜预为榜样，继承家族的文武传统，建功立业于当世。

杜甫到了这个年纪，亲人渐老，打击接踵而来——就在父亲去世后的第二年，养育他长大、如母亲一般的二姑也去世了。丧亲之痛锥心蚀骨，然而谁又能敌得过生老病死？

办理了二姑的丧事，杜甫仍回首阳山下陆浑庄居住。陆浑庄不远处有宋之问曾住过的庄园，杜甫常去观瞻，想到宋之问当时与祖父同涉初唐诗坛的情形，不免心有戚戚。此一时期，杜甫与人交游，也写了一些清新别致的诗作，比如《夜宴左氏庄》中有"林风纤月落，衣露静琴张。暗水流花径，春星带草堂"之句，《巳上人茅斋》中有"枕簟入林僻，茶瓜留客迟。江莲摇白羽，天棘蔓青丝"之句。

可见，杜甫不是不能写轻盈优美的诗句，他只是选择了另一条更难走的路：书写现实，书写沉重，书写苦难、真实的人间。

聚梁宋，三颗诗星相遇

天宝三载（744）三月，春暖花开时节，守孝期满、身在洛阳的杜甫，还不知道长安城里发生了一件事：曾因诗才受唐玄宗激赏、获封翰林供奉的李白，因个性狂傲、不容于权贵，又不甘只做皇帝的御用文人，渐为玄宗所不喜，最终被赐金放还。

东出长安后，李白于这年春夏之交抵达洛阳。在洛阳逗留期间，李白与杜甫相识。中国文坛的双子诗星——"诗仙"与"诗圣"，实现了最美的相遇。闻一多先生将李杜两人的遇合，比作孔子与老子的会面、太阳与月亮的碰头。

这年，李白四十四岁，杜甫三十三岁。李白早已经过了生活的历练，见过了长安的繁华与宦海的浮沉，并且接近过最高的荣耀，是名满天下的大诗人，而杜甫却还只是一介布衣，尚未踏上仕途。

但年龄、身份、地位、个性及阅历的差异，并不影响他们的情谊。李白与杜甫一见如故，没有初识的陌生和隔膜，亲近如重逢的老友。他们深入倾谈，他们纵酒狂歌，友谊的小船从此扬帆起航。杜甫在后来写给李白的《寄李十二白二十韵》一诗中，回忆了他们交往时的情形："乞归优诏许，遇我宿心亲。未负幽栖志，兼全宠辱身。剧谈怜野逸，嗜酒见天真。醉舞梁园夜，行歌泗水春。"

这两年在洛阳，杜甫也见识到了一些社会的残酷真相，如今再听李白的描述，他对世界的认识渐渐深入，对李白的感情也进一步加深。夏天的时候，他们共同游历了梁宋（今河南开封、商丘一带）。

此前，杜甫已和高适结识，而高适此时正寓居梁宋，正好可以三人同游。唐代诗坛上的三颗诗星，就这样聚在了一起。

梁地有一古迹，名为吹台。相传春秋时晋国有一位盲人音乐家师旷，常在此处一土丘附近吹奏音乐，后来，人们就把这里叫作吹台。《唐才子传》中记载，高适与李白、杜甫"酒酣登吹台，慷慨悲歌，临风怀古"。吹台及经过吹台的风，有幸聆听了三位大师带着醉意的悲歌与嗟叹，那样的时刻是值得纪念与铭记的。

宋地有孟诸泽，为梁孝王刘武当年的游猎之地。杜甫与李白、高适在渐凉的秋风中，游猎孟诸泽，又前往单父县（今山东单县）的琴台饮酒怀古。琴台又称宓子台、单父台，相传孔子的弟子宓子贱任单父邑宰时，常常静坐弹琴，看似悠闲无为，却将单父治理得非常好。后人为了纪念他，便修建了单父台。

整个秋天，他们三人都在共游中度过。杜甫晚年追忆那段时光，还记得孟诸泽白而冷的清霜、禽兽的破空啼叫以及单父台上空秋风翻卷的落叶。"桑柘叶如雨，飞藿去徘徊。清霜大泽冻，禽兽有余哀。"（《昔游》）最美的时光，走得最快。其间，李白因遭受打击，一心想访道求仙，寻求精神解脱，要去王屋山寻访道士华盖君，杜甫便一同前往。

王屋山，山中有洞，据说周回万里，名叫"小有清虚之天"。当杜甫和李白一路跋山涉水远道而来时，他们要寻访的华盖君已经离世，其弟子大多星散，只有少数几人留守。华盖君生前修行炼丹的静室里，捣药的微尘还残留在衣物上，散发着余香，炼丹炉却早已没有火，只剩一片死灰。那时正是日暮黄昏，空山寂静，只听得山间松风阵阵、涧水冷冷，野兽的啼叫不时传来，更显凄清。

此后，高适南游入楚，李、杜二人一同前往齐州（今山东济南）。李白去齐州紫极宫接受道箓，成了被道教承认的教徒，杜甫没有同行。不过，天宝四载（745），他们三人又在齐州重聚了。

杜甫有一位好友名叫李之芳，时任齐州司马，在齐州建历下亭。新亭落成之际，李之芳举办了一次盛大的文人雅集，其时李白就在齐州，杜甫在附近，高适尚未走远，他们三人又一起受邀来此，有幸再次相见。

这次聚会还请到前辈李邕。李邕时任北海太守。北海距齐州不算太远，李之芳又是李邕的族孙，所以李邕欣然前来。早在多年前，少年杜甫就已与李邕结识，这次算是久别重逢。李白、高适此前也与李邕有过交往。

可以想象，那是一场怎样的盛会，文星云集，诗酒风流。历下之会结束后，高适继续南游，李白继续访道，杜甫去了附近的临邑，探望在那里做主簿的弟弟杜颖。初秋，杜甫前往父亲曾经任职的兖州（天宝元年，兖州改称为鲁郡）。旧地重游，往事历历在目，而父亲已逝去好几年，不禁令杜甫感慨万千。

巧的是，李白那一时期将家小安置在任城，正属鲁郡辖地。李白回到任城，得知杜甫就在鲁郡，二人遂再次碰面。天性浪漫的李白，望着秋日天空中的飞雁和行云，不由心生惆怅，便拉杜甫去拜访鲁郡城北的隐士范十。在范十家里，他们吃到了美味的菜蔬，经霜的梨子下酒别有风味。食物的滋味连同那段快乐的时光，长久地留在了记忆里。杜甫在《与李十二白同寻范十隐居》诗中记录了当时的亲密情形：

李侯有佳句，往往似阴铿。

余亦东蒙客，怜君如弟兄。

醉眠秋共被，携手日同行。

更想幽期处，还寻北郭生。

入门高兴发，侍立小童清。

落景闻寒杵，屯云对古城。

向来吟橘颂，谁与讨莼羹？

不愿论簪笏，悠悠沧海情。

随着了解越来越深，杜甫对于李白的感情，也变得复杂起来。李白的超尘脱俗和飞扬飘逸，让他惊奇和着迷，写下《赠李白》一诗：

秋来相顾尚飘蓬，未就丹砂愧葛洪。

痛饮狂歌空度日，飞扬跋扈为谁雄？

杜甫感叹道，又一个秋天来临，两人还是像飘飞的蓬草一样无依无凭，寻仙访道不成，如此这般，痛饮狂歌倒也快意，可虚度时光终究不是长久之事。对于李白的个性，杜甫无疑是欣赏的，但对于李白的生活方式和处世态度，杜甫保留自己的思考和看法。

鲁郡的石门，是他们最后的分别之地。从此后，他们天各一方，奔赴不同的命运，再也没有见过面。

第二章

十年艰辛仕进路

穷年忧黎元，
叹息肠内热。

初进长安，辗转干谒

天宝五载（746），一如过去和未来的很多年一样，长安城的春色如酒般醉人。杜甫于此时在长安，希求一个如春光般灿烂的前程。两年前的春天，李白弃长安而去。如今的这个春天，杜甫赴长安而来。

这年，曾经那个励精图治、睿智清明的唐玄宗渐渐年迈而昏聩，大唐盛世的光芒缓缓黯淡，暮色正在不可避免地袭来。只是关于这一点，身处那个时代之中的人，自然不知。

初入长安的杜甫，胸中豪情犹在，信心满满，意气风发。像很多准备踏入仕途的读书人一样，杜甫也开始频频出入豪门权贵之家。干谒不只是虚荣，更是实实在在的机会，通过结交名人获得举荐，无论应考还是做官，成功的砝码会大大加重。

杜甫虽家道中落，但在京城中也不乏世交亲朋，其中就有宁王李宪的长子李琎。宁王李宪是唐睿宗长子，本为太子，后见三弟李隆基平韦后之乱、拥立睿宗，功劳极大，便主动让出太子之位。因让位一事，李宪得玄宗厚遇，逝后被追封为"让皇帝"，他的十个儿子大多都封王封公，李琎获封汝阳王，曾任太仆卿。

李琎喜与文人宴饮交游，后来杜甫写就的《饮中八仙》一诗中，他与贺知章、李白等八人同为主角。杜甫刚到长安，就成为李琎的座上客，他带着感恩、欣悦与荣幸写下《赠特进汝阳王二十韵》一诗。在诗中，杜甫赞美李琎诚挚有才、谦和谨慎、学识渊博、文采华美，并且为人随和热情，很讲信用："学业醇儒富，辞华哲匠能。笔飞鸾耸立，章罢凤骞腾。精理通谈笑，忘形向友朋。寸长堪缱绻，一诺岂骄矜。"这虽然也是恭维话，但措辞委婉，不见媚骨，可见那时的杜甫，并未刻意逢迎，他相信凭自己的才华可以闯出一条路。

李琎的弟弟李瑀，初封陇西郡公，后封汉中王，与杜甫也往来密切。多年以后，杜甫流寓蜀中时，还写了不少诗寄他。

除此之外，杜甫好友郑虔的侄儿郑潜曜，是唐玄宗之女临晋公主的驸马。因郑虔的关系，杜甫成了郑潜曜家中的常客。郑潜曜在神禾原有一居所名为莲花洞。这年夏天，杜甫受邀至莲花洞宴饮消夏，写下一首《郑驸马宅宴洞中》诗：

主家阴洞细烟雾，留客夏簟青琅玕。

春酒杯浓琥珀薄，冰浆碗碧玛瑙寒。

误疑茅堂过江麓，已入风磴霾云端。

自是秦楼压郑谷，时闻杂佩声珊珊。

从内容上看，这首诗不过是赞美莲花洞的凉爽与酒宴的华美，但细细读来，就会发现在追求仕进的道路上，杜甫一直未曾放下对于诗歌艺术的追求。陈贻焮在《杜甫评传》中表示，杜甫的这首七言律诗，用词遣语刻意求新，风格苍秀，意境冷峭，显见杜甫已经在着手尝试拗体七律这一新的艺术形式了。

秋去冬来，转眼到了岁末。除夕之夜，客居长安的杜甫，难免起了思亲之情。漫漫长夜无可慰藉，他便和一众人等在客舍里玩游戏，以驱散心头浓浓的乡愁和孤寂。室外严寒黑暗，室内温暖明亮，烛光照着一群呼五喝六、因胜负时喜时叹的人。杜甫夹杂在人群中，玩得很投入，很兴奋。他一连掷了好几次骰子，手气都不好，急得大呼大叫，于是便不顾形象，袒胸赤足站起身来，想要孤注一掷，谁知败局却无可挽回，他自嘲加自我安慰说：曾经刘毅不是因玩樗蒲①而一掷百万吗？这是大人物的做派，抓住机会就要下个大赌注，万一赢了呢？

杜甫把这次除夕之夜的经历与感受，写在了《今夕行》一诗中：

---

① 樗（chū）蒲：一种古代游戏，以掷骰决胜负。

今夕何夕岁云徂，更长烛明不可孤。

咸阳客舍一事无，相与博塞为欢娱。

冯陵大叫呼五白，袒跣不肯成枭卢。

英雄有时亦如此，邂逅岂即非良图。

君莫笑，刘毅从来布衣愿，家无儋石输百万。

　　他用诗真实地记录生活和所思所感，就如同现代人写微博和公众号文章，由此我们才看到一个豪气干云、一掷千金的杜甫。他的豪赌经历，并不会使他的形象受损，相反，这让我们觉得他更加真实、亲切。他不再是一个书中的符号，而是一个我们能够理解和共情的人，就像我们身边的人一样。

　　倏忽间，杜甫来长安已满一年。天宝六载（747），他等到了一个好机会——制举。唐代的取士制度有常科和制举两大系统。常科就是常规的科举考试。制举就是由天子下诏进行的不定期考试，在全国范围内选拔有特别才能的人。要获得制举参考资格，一般需要有人举荐。

　　不知是因李琎还是别人的举荐，杜甫参加了这次制举考试。本来他信心满满、胜券在握，结果却出乎意料地又一次落榜。

　　谁能想到，这场没有人上榜的考试，背后竟是巨大的政治阴谋。年迈昏聩的玄宗被蒙蔽了双眼，宠信一手遮天的奸相李林甫，对其听之任之。李林甫置国家命运于不顾，一心只想满足自己的私欲，坏事做尽。他担心有些耿介正直的士子会在考试时讽刺朝政，使自己的丑行败露，便想方设法破坏这次制举。他找借口不让玄宗亲临考场，又密令主考官不许录取一人，然后又向玄宗上贺表，说这是因为皇帝将国家治理得太好，凡是有才的贤良之士都已被选拔入朝，所以"野无遗贤"。

玄宗居然也就信了，他若是知道，在李林甫口中那些未能上榜的"无能之辈"中，竟有一位独步千古的"诗圣"，不知会作何感想。

相比上次落榜，这次打击更重。最残酷的莫过于，眼见着梦想触手可及，却忽然间被不可预测的力量消灭得无影无踪，那种无力和绝望，足以摧毁一个人的精神。好在杜甫并未从此消沉，他不会如此轻易地放弃对理想的追逐，他只是在这次打击之后，将现实看得更清，将此前的盲目乐观和恣意浪漫渐渐收了起来。

制举落榜，杜甫事后已知内情，只是畏惧李林甫的地位而敢怒不敢言。他再次把希望寄托于他人引荐，开始大量向权臣高官们投赠诗作，以获取一线希望。

天宝七载（748），也就是在制举不中的次年，韦济由河南尹迁尚书左丞，韦济之父韦嗣立与杜甫祖父杜审言曾在武则天执政时同朝为官，韦杜两家也算是世交。韦济本身十分欣赏杜甫的才华，在河南任职时还曾去寻访过杜甫。杜甫写诗给他，坦陈自己的艰难处境和穷愁潦倒，以期得到同情和帮助，他说："骑驴十三载，旅食京华春。朝扣富儿门，暮随肥马尘。残杯与冷炙，到处潜悲辛。主上顷见征，欻然欲求伸。青冥却垂翅，蹭蹬无纵鳞。"这次求助却没有什么结果。

天宝八载（749），大唐将军高仙芝讨伐小勃律获胜后班师回朝，整个长安城为之震动。杜甫必定见过高仙芝骑着骏马，威风凛凛在城中风驰电掣的样子，写下了《高都护骢马行》一诗，诗中对高仙芝所骑之马，极尽溢美之词，"此马临阵久无敌，与人一心成大功""五花散作云满身，万里方看汗流血。长安壮儿不敢骑，走过掣电倾城知"。

杜甫喜咏马，此前他曾在《房兵曹胡马》一诗中写道："所向无空阔，真堪托死生。骁腾有如此，万里可横行。"他写马，也是在写自己。彼时，他看着房兵曹的健硕胡马，想到的是自己的高远志向。"自谓颇挺出，立登要路津"（《奉赠韦左丞丈二十二韵》），他以为凭自己过人的才华，立刻就会得到重用，建立一番功业。

如今见到了随高仙芝征战沙场、得胜归来的这匹骢马，他又将自己的情感投到了马身上，说它"雄姿未受伏枥恩，猛气犹思战场利"，立过大功的马不甘心被厚养以虚度时日，还期待着再上战场，再立大功。这其实是杜甫自己功名之心不死的自白。

这年冬天，杜甫回了一趟洛阳。在位于积善坊的道观太微宫，他欣赏到了吴道子的壁画，写下一首五言排律《冬日洛城北谒玄元皇帝庙》。

一般而言，排律篇幅容量大、格律限制多，很难发挥诗才，容易写得板滞又臃肿。但杜甫这首诗却写得非常好，前人汪伯玉评论说："此诗清丽奇伟，势欲飞动，可与吴生画手并绝古今。"能不能与吴道子的画相提并论，这个暂且不论，从诗句本身来看，确是"清丽奇伟，势欲飞动"，比如总写道观之貌是"山河扶绣户，日月近雕梁"，写周围的自然之景是"翠柏深留景，红梨迥得霜"。将排律写得如此清丽飞动又收放自如，这证明杜甫的创作技法又上了一层楼。无论生活境遇如何艰难，他一直在诗歌的道路上静默攀登，进一寸就有一寸的欢喜和收获。

天宝九载（750）春，杜甫从洛阳回到长安，向张垍投赠诗作。张垍是玄宗之女宁亲公主的驸马，也是唐代著名宰相张说的儿子，他很有些诗文才华，官居翰林学士，人品却令人不敢恭维。当年，李白在长安也曾向张垍求举荐，张垍称玉真公主在终南山楼观台有别馆，结果李白于绵绵秋雨中困守山间数月，也未见到玉真公主的面，这才明白自己被戏弄了。张垍嫉妒李白的才华，担心自己的地位受到威胁，所以根本就没打算举荐。

张垍的人品历来为人诟病，杜甫自然不会不知，但他还是写了一首五言排律《赠翰林张四学士垍》，在诗中对张垍极尽赞美，希望其援引提携。这似乎暴露出"诗圣"庸俗的一面，但当时写诗干谒是一种社会风气，文人要想踏入仕途，就不得不放下气节和身段，向世俗低头，向权贵谄媚。以李白那样狂傲之人，也曾为了求官而将阿谀奉承的言辞写到了极致，更何况已经三十九岁的杜甫，还怀着那样强烈的用世之心。人生七十古来稀，古人六十多岁已算长寿，将近四十岁的年纪，意味着人生已过了大半，杜甫内心的焦灼可想而知。如果我们能够将自己置于他的境地，也许就可以理解他、原谅他。

这年七月，有一件事让杜甫很开心：他的好友郑虔来到长安任广文馆博士，这是个低微官职，所以郑虔也帮不了杜甫多大的忙，但至少故人在侧，于精神上就是一种慰藉和支持。他们一起受邀去长安城南的何将军山林别墅做客。

何将军的别墅坐落在丈八沟不远的第五桥附近，山青水绿，翠竹生凉，幽静雅致之外，别有一种野趣。在那里盘桓的几日，杜甫过得非常愉快，他将那段美好的时光记录在了《陪郑广文游何将军山林十首》这一组诗中，其中有"鲜鲫银丝脍，香芹碧涧羹"之句，说的是长安的两道名菜——银丝脍与碧涧羹。《大唐秦王词话》记载，当年身为秦王的李世民打天下时，得尉迟敬德归降，入了介休城，设宴庆贺，"碧涧羹，银丝鲙，筵间异品"，可见那时这两道菜便已是名贵菜品。

"鲜鲫银丝鲙"就是鱼鲙，这道与现代生鱼片类似的菜，是唐人的珍馐，也是杜甫钟爱的美食之一。他在《阌乡姜七少府设鲙戏赠长歌》一诗中，用富于诗意的笔法写鱼鲙："饔人受鱼鲛人手，洗鱼磨刀鱼眼红。无声细下飞碎雪，有骨已剁觜春葱。"刚从河里捕捞的鲜鱼被巧手大厨切成细丝，白嫩的鱼肉如细雪翻飞，配上青碧的春葱蘸料，那色香味，怎一个美字了得！

"香芹碧涧羹"就是以芹菜做的羹汤。林洪在《山家清供》里说碧涧羹"既清而馨，犹碧涧然"。这道如今看来平平无奇的菜，最吸引人的地方大概不仅在于汤味的清香，更在于那美妙的颜色——清亮的汤中，浮泛青碧芹叶，如同一泓碧绿的山涧，有山林气，有野趣。

治愈杜甫的，不但有美食，还有美景。酒足饭饱之余，他们就四处游玩，累了就席地而坐，或找个凉爽的水边之地和衣高卧，饿了就随地野餐。酒酣兴起，杜甫隐藏的酒瘾与豪情复活，便狂舞放歌，长久以来积压的痛苦，在那一刻获得了释放。"自笑灯前舞，谁怜醉后歌。"这样的狂欢让人心酸。

值得注意的是，这组诗充分显示了杜甫对于诗歌艺术的再次突破。"绿垂风折笋，红绽雨肥梅"与"鲜鲫银丝鲙，香芹碧涧羹"，都是写平常生活中的景物和食物，所用字句也平常，但却给人一种如在眼前却又陌生别致的清丽美感，原因在于杜甫用了倒装句式。其实《望岳》一诗中的"荡胸生曾云"，严格来说也算倒装句。只是这些杜甫早期的诗句历来评论家不大注意，倒是他后来的两句倒装句式的诗"香稻啄余鹦鹉粒，碧梧栖老凤凰枝"，常为人所称道。

后来，杜甫又受何将军之邀来过这座别墅一次，写下了《重过何氏五首》一组诗，其中有这样的句子："蹉跎暮容色，怅望好林泉。何日沾微禄，归山买薄田。"他多想也像何将军一样归隐林泉，过这样充满野趣的幽雅生活，但归隐山林、买田置屋要有资本才行，自己蹉跎渐老，如今却连个小官都没当过，想想真是怅然。

曾经一心想做个贤良宰相、辅佐君王的杜甫，此时的理想已然发生了变化。在现实面前，他不得不做出让步：哪怕只是做个小官挣点微薄的俸禄，日后归山隐居也就满足了。不过，这样的想法只是偶然的闪念，杜甫至死都不会忘记济世之志，这是他的悲哀之处，也是伟大之处。

片刻的欢娱只是寒凉人世零星的暖意，优游自在最终只能是别人的生活，他还要回到现实，继续蹉跎辗转，敲开一扇扇高墙深院的朱门，继续在求仕之路上艰难行走。

上表求仕，投赋问路

几年来辗转朱门、汲汲求引未果的杜甫，终于等来了又一个机会。

天宝九载（750）十月，玄宗临幸华清宫，太白山人王玄翼上奏说自己见玄元皇帝显灵，称宝仙洞有妙宝真符，玄宗急令刑部尚书张均等人去寻，果真寻得了。群臣深知玄宗近年仰慕道教，追求长生不老，所以齐称祥瑞，上表祝贺，李林甫一干人等更是请求在自己的宅第中设道观以为皇上祈福。

投皇上所好、令皇上心悦，就是升官发财的捷径。于是朝野上下，上自宰相，下至山人，用虚假的瑞兆或表面的虔敬来邀宠，已然成了一种潮流。建功立业心切的杜甫，也不能免俗地被这种潮流所裹挟。

天宝十载（751）正月，唐玄宗举办了祭祀太清宫、朝享太庙和南郊合祭天地的三场祭祀大礼，杜甫适时向玄宗献上了《进三大礼赋表》。为了仕进，他已用尽了办法，如今唯有寄希望于这一条路。

武则天时，铸铜为匦①，安置于朝堂东、西、南、北四个方向，老百姓有什么想法或者意见，可以通过此种方式直达天听，由皇帝亲自处理。其中南面为招谏匦，对朝事有意见的人可以写书投进；北面为通玄匦，在天象灾变或军事密计上有建言者可写书投进；西面为伸冤匦，有冤屈者可投书以进；东面为延恩匦，有献颂赋、求仕进者可投书以进。孟浩然举进士不第后，就曾投过延恩匦。

按规定，投延恩匦必须先要有熟识的官员作保。杜甫通过献纳使田澄，顺利地将自己精心创作的三大赋送到了玄宗眼前。

杜甫的这三大赋写得典雅严整、文采斐然，极尽歌功颂德之能事。玄宗行三大礼，正需要有这样的赋来为自己壮声势、撑门面，所以一读之下大为惊叹，即刻命杜甫到集贤院待命，派宰相考查他的文章。

这是一次专为杜甫一人举行的极高规格的考试，仅是这样的经历，就足以令杜甫一生都感到自豪。这次考试，杜甫得到了吏部"参列选序"的资格，这就相当于如今通过了国家公务员的考试，只是需要等待分派具体岗位。

---

① 匦（guǐ）：匣子。

有人认为，杜甫此次没能被立刻授予官职，是因为李林甫再次从中作梗，因为他如果这次承认了杜甫是可用之才，就相当于推翻了自己之前"野无遗贤"的言论，他自然不做。也有人认为，这与吏部的任职制度有关，因为按照规定，通过制举或恩科选拔的士子，要等待三年才能参加吏部的铨选，合格之后才能被授予官职。

　　其实，若是皇帝重视，杜甫无疑会立刻进入朝堂，但晚年昏庸的唐玄宗正沉迷于声色享乐与长生不老的梦境之中，他早已将那个满腔热望、孤注一掷的献赋人忘到了九霄云外。

　　杜甫曾随玄宗御驾前往华清宫，见到了天狗，遂作《天狗赋》。赋中说天狗初来，玄宗奇之，召众人围观，后来证明，天狗的确值得这样的赞美，但是随着时间流逝，天狗却受到了冷落。杜甫笔下的天狗，与自己的遭遇何其相似！赋中有这样的句子："仰千门之峻嶒兮，觉行路之艰难。惧精爽之衰落兮，惊岁月之忽殚。"这是杜甫借天狗吐露心声。为了求得引荐，他不惜放弃尊严，求告千门万户，却没有任何结果，如今献赋之后，希望遥遥无期，仕进之路如此艰难，而岁月飘忽、年华渐老，谁能解他心中苦楚？

　　唯有继续等待，唯有继续怀着屈辱投赠干谒。

　　天宝十一载（752），杜甫又向谏议大夫郑审投赠诗作，但一样没有下文。好在这一年，好友高适回朝。两位友人相见，分外感慨。当时，高适在河西节度使哥舒翰幕府。另一位友人岑参原在安西四镇节度使高仙芝幕府，已于前一年秋天回到长安。

这年的秋天，杜甫与高适、岑参、储光羲、薛据等人一起出游，登上了慈恩寺塔，每人赋诗一首。杜甫写下《同诸公登慈恩寺塔》一诗。在诗中，他交代了登塔的事由和登塔所见所感，其中有这样的句子："秦山忽破碎，泾渭不可求。俯视但一气，焉能辨皇州？回首叫虞舜，苍梧云正愁。"历来评论家大多认为这些句子中，暗含着对时政的讽喻与对国事的忧虑。

其时皇帝昏聩，奸臣当权，大唐帝国的国势正在一日日衰颓，"秦山忽破碎，泾渭不可求"，山河正在渐失完整，"回首叫虞舜，苍梧云正愁"，腐败的朝廷令人对国家的未来发愁。当权者正沉迷于歌舞升平的盛世假象时，杜甫这个穷愁潦倒的底层读书人，在自身处境如此艰难的情况下，还一心记挂着国家安危。

李林甫病死，人们盼望着迎来一位贤良宰相，但继任的却是杨国忠——杨贵妃的族兄。因妹妹杨贵妃得宠，本人又善于权谋逢迎，杨国忠因而迅速上位。杨国忠任右相以后，将他的亲信鲜于仲通调入京城任京兆尹。杜甫写了一首《奉赠鲜于京兆二十韵》献给鲜于仲通，诗中先是对鲜于仲通进行了一番颂扬，接着叙述自己的情况，最后对李林甫进行抨击，并用礼贤下士的平津侯来比杨国忠，希望得到重用。

这注定是没有结果的求索。杜甫的《进三大礼赋表》写于李林甫掌权时，他还曾在《朝享太庙赋》中颂扬过李林甫。虽然事后进行过补救，称自己遭李林甫"忌刻"，间接说明自己与李林甫的关系并不好。但对于杨国忠来说，不可能重用与李林甫有关联的人，何况杜甫还与李林甫的女婿杜位是同族叔侄。

杜甫于绝望中又向唐玄宗献《进封西岳赋表》与《进雕赋表》。在《进封西岳赋表》中，他提到此前所献《进三大礼赋表》，说自己少小多病、贫而好学，如今已年过四十，生存艰难，还有肺气之疾，希望能够抓紧时机报效国家。在《进雕赋表》中，杜甫向玄宗详细介绍了自己的家世出身、才华能力、志向抱负及目前的处境，一再重复说"伏惟明主哀怜之"，这简直就是低声下气的乞求。

这多少有些颠覆"诗圣"在人们心目中的形象，但这就是真实的杜甫。世界不是非黑即白，人性那么丰富，每个人的心都不可能是绝对的白璧无瑕。当被现实逼入绝境，谁都可能会做出让自己日后感到后悔和脸红的事，因为我们是人不是神。

不作河西尉，暂作曹参军

投诗干谒，再三献赋，放弃了尊严，想尽一切办法，杜甫还是未能得到一官半职。万般无奈之下，他想到了从军。

好友高适、岑参都在军中幕府。高适离开长安前，杜甫赠诗《送高三十五书记十五韵》，勉励高适在军中好好干，坚持几年总会出头，到时当个刺史之类的地方官。高适后来果真当了刺史和节度使。其实作此诗时，杜甫还未想到去参军，他一直认为考科举是自己该走的路。

天宝十三载（754），哥舒翰的下属田梁丘入朝来京，杜甫得知高适已升任掌书记。杜甫在为好友高兴的同时，也不无羡慕，便投赠诗作《赠田九判官梁丘》，希望田梁丘能够引荐自己也入军中幕府。除了高适，杜甫的好友严武也在哥舒翰幕府任节度判官。

虽然之前不曾有过参军的想法，但他认为哥舒翰知人善任，高适的升迁就是明证。想想以前高适的处境，他期待着这一次能够有个好的结果。然而现实还是让他失望了，因为没多久，哥舒翰就因中风回到京城养病，杜甫参军的理想宣告落空。

这年八月，因为此前一连下了六十多天的雨，灾害非常严重，陈希烈被罢免了宰相，杨国忠推举韦见素任新宰相。杜甫又立刻向韦见素投赠诗作《上韦左相二十韵》，希望得到任用，但仍然没有任何结果。

这似乎让人很难理解，为何会如此？这固然有外界的原因，但也与杜甫个人的性格有关。年已不惑，他还是无法看透这个复杂的社会，他可以在诗文的道路上一路精进、不断创新，但始终参不透深海般的世故和人心。

说到底，他只是一个和李白一样天真的诗人。为了心中的最高理想，他强迫自己变成另一种人，学习人情世故，学着放下骨子里的清高，然而始终是稚嫩的。那些官场的老练人一眼便看穿了他。他的确不适合做官。有时候，人永远也无法成为自己想成为的那种人，而只能成为应该成为的人。人的性格注定了所要走的路。

好在，天无绝人之路，漫长的等待与求索，终于有了转机。

天宝十四载（755）十月，杜甫得到任命，却只是个从九品的小官：河西（今甘肃省河西五市一带）县尉。古代一县之中，县令是一县的长官，相当于如今的县长；县丞地位仅次于县令，相当于如今的副县长；主簿，相当于县长的秘书；接下来才是县尉，主管一县的治安及抓捕盗贼的工作。

让一个挥洒笔墨的人去维护治安，抓捕盗贼，何况还是去河西那么偏远的地方，真是有些错位。再想想自己当年"致君尧舜上，再使风俗淳"的理想，杜甫感到这样的任命像是一个巨大的讽刺。

此前，他在《进雕赋表》中，曾经暗示过玄宗，说自己的祖父杜审言曾任著作佐郎，希望自己最低也能做到这个官职，于杜甫而言，这已经是退而求其次的要求了。没想到，漫长艰难的等待和不顾一切的寻求，得到的官职竟然连著作佐郎也不如。

愤激之下，杜甫没有接受这个任命。不久之后，他又接到命令，去右卫率府任职。唐朝很多官都有左右之分，比如左丞相、右丞相，左拾遗、右拾遗等等。当时太子的东宫设置有左右卫率府，负责太子的安全保卫、出行仪仗等事务，职位有仓曹参军、胄曹参军和兵曹参军，官阶为从八品。

杜甫具体任的是哪个职位呢？《新唐书》中说是胄曹参军，《旧唐书》中说是兵曹参军。在接受了这次任命后，杜甫写了一首《官定后戏赠》诗：

不作河西尉，凄凉为折腰。

老夫怕趋走，率府且逍遥。

耽酒须微禄，狂歌托圣朝。

故山归兴尽，回首向风飙。

在诗题之下，他写了注解："时免河西尉，为右卫率府兵曹。"

虽然这次的任命仍不符合他的理想，但好歹比河西县尉强，官阶高了一点，任所就在长安。他内心不甘做东奔西走的县尉小吏，但这一次，迫于生计，他不得不接受任命。暂且安下心来，在兵曹参军这个职位上清闲几天，不再一心想着归隐。

此前，在两去何将军山林别墅之后，杜甫有过归隐的想法，这样的想法，在去渼陂游玩之后也出现过。

渼陂是一片绝美辽阔的水域，位于长安城南鄠县（今陕西西安鄠邑区）西五里，近水有紫阁峰。有一次，杜甫和岑参兄弟一起去游渼陂。刚开始浓云密布，天气阴沉，不多久云开日出，渼陂的美开始显现出来。只见水中遍布荷花和菱叶，终南山的影子倒映在水面上，水波动荡，山影也随之动摇，别有一番趣味。那一次，他们直游到日暮黄昏、月挂东天方才恋恋不舍离开。

后来，重游渼陂，杜甫在《渼陂西南台》一诗中写道："身退岂待官？老来苦便静。况资菱芡足，庶结茅茨迥。从此具扁舟，弥年逐清景。"难道说只有先做官才能归隐山林？年华渐老，人就会向往安稳的生活，何况这里有很多菱角、芡实可供食用，在山间盖一所茅屋，天天驾一叶扁舟赏湖山清景，这样的日子该有多好！

不管想象中的归隐生活有多美好，他心底深处并不想真的做一个隐士，"奉儒守官"的观念已在他心中深深扎下了根，无可动摇。无论如何，十年求仕，终于尘埃落定。在兵曹参军这个职位上，杜甫会一直干下去，一步步接近他的理想吗？

奉先省亲，穷年忧黎元

闻一多先生在《少陵先生年谱会笺》中认为，杜甫曾于天宝十三载春天，将家小由洛阳迁到了长安城南下杜城，这一带也是杜甫远祖杜预的祖籍所在地。有家人要养，杜甫的日子更加艰难了。

前一年八月，长安城秋雨连绵，米价暴涨，朝廷从太仓中拿出十万石救灾减价米卖给贫民，杜甫就是买减价米的贫民中的一员。他在《醉时歌》一诗中写道："杜陵野客人更嗤，被褐短窄鬓如丝。日籴太仓五升米，时赴郑老同襟期。得钱即相觅，沽酒不复疑。忘形到尔汝，痛饮真吾师。"

我们似乎看见穿着破烂短衣、鬓发早白的杜甫，挤在买减价米的贫民中间，买了米回家艰难度日。生活拮据如此，但酒却是断不能少的。稍有一点闲钱，他便和郑虔一起去喝酒，两人一起痛饮狂醉。只有在醉时，才能忘记现实，忘记痛苦。郑虔虽在朝中任职，却只是个小官，也和杜甫一样穷困潦倒。"清夜沉沉动春酌，灯前细雨檐花落。但觉高歌有鬼神，焉知饿死填沟壑。"飘着细雨的清夜，本是那样美，但是喝酒的人喝到忘形处便放狂高歌，这歌声足以惊动鬼神，又有谁知道，放歌的人正濒临饿死的边缘？

这不是夸大其词，杜甫当时的生活的确陷入了绝境。父亲已去世多年，他自己一直蹉跎求官，没有任何收入，一直靠亲友的接济过活。有时候，求助的亲友或许自身难保，或许不愿帮忙，他便会断了衣食来源。无奈之下，他有时会去采药、卖药，以换取一些金钱，来维持最基本的生存。

移家下杜城以后，他曾寄希望于同居在此地的同族亲人杜济。他到杜济家里求助，杜济自己也过得并不富裕，但碍于情面也只好勉强招待他一顿葵羹米饭，辞色之间难免让杜甫感到不舒服。于是杜甫写下一首《示从孙济》，诗中说，自己到杜济家里来，是念在同族情谊，并不是为了求得饭食，他让杜济不要听信那些小人的谗言猜疑自己，同姓同族一定要和睦相处。

沦落到连吃一顿饭也要看别人脸色的地步，杜甫的心里怎能不难过？"君不见空墙日色晚，此老无声泪垂血！"（《投简咸华两县诸子》）这是他的自白，他眼中流泪，心中在滴着血。

世间有很多势利之人，落魄贫士难免被瞧不起，何况杜甫一家于长居下杜城的人来说，是外来户，又加上一层排挤。杜甫一度以为回到这里就是回家，因为这里是祖籍，谁知境况居然如此，一家人不但物资极为短缺，精神上也备感压抑，于是就在迁居下杜城几个月之后，也就是这年的秋冬时节，杜甫将家人安置到了离长安城二百多里的奉先县（今陕西蒲城）。

为何选择在奉先安家？闻一多先生考证，杜甫曾于天宝十四载，前往白水看望时任白水县尉的舅舅，后与舅舅一起到了奉先，写有一首《九日杨奉先会白水崔明府》诗，诗题中崔明府即杜甫的舅舅，杨奉先即姓杨的奉先县令。闻一多先生推断，杨奉先有可能是杜甫妻子杨氏的亲人，所以杜甫才会将妻子和孩子托付给此人，让他们寄寓在县署公舍。安顿好家人后，杜甫只身返回长安，等到了右卫率府兵曹参军的任命。

在右卫率府任兵曹参军期间，杜甫曾写下一首诗《去矣行》：

君不见韝上鹰，一饱即飞掣。

焉能作堂上燕，衔泥附炎热？

野人旷荡无靦颜，岂可久在王侯间。

未试囊中餐玉法，明朝且入蓝田山。

这首诗表明，他在这个职位上，仍是不甘心、不安心的，似乎随时有可能弃官而去。

天宝十四载十一月，杜甫刚刚上任，便赴奉先探亲。彼时，安禄山已于范阳起兵叛乱，只是消息还未传到京城。但杜甫已敏锐地觉察到了政局的动荡，对于国家形势有一种隐隐的忧虑。很快，他不祥的预感将会被证实。

冬日的冷风中，杜甫出了长安城，一路向东，不久过华清宫时，他听到了隐隐的乐声，想象华丽的宫殿里，皇帝和妃子也许正在尽享欢娱。天下之势，山雨欲来风满楼，华清宫却是一派歌舞升平，仿佛大唐盛世初始的样子。

一路走，一路思绪漫飞。回想自己这些年来的经历，杜甫百感交集。四十四岁的人，已经老大不小，却还是愚笨固执，一事无成。当年多么傻，还自比上古的贤人后稷与契，想要以天下为己任。可看看现在，满头白发，还在过着辛苦贫贱的生活。但是有这样的理想，他并不后悔，除非死去，否则永远都不会放弃。

像他这样落魄到生存都艰难的人，却还在时时为国家、为百姓忧心。他担心盛世倾塌，他忧虑穷人受苦。这些年以来，他看过太多的贫富反差，"朱门酒肉臭，路有冻死骨"，他忘了自己也是那徘徊在朱门之外，在冻饿边缘努力周全的人。

"穷年忧黎元，叹息肠内热"，色颜枯索，肝肠似火，难免遭世间俗人讥笑，但他仍然慷慨激昂地写着诗，坚守着少有人知的情怀。他也不是没有过"江海寄余生"的念头，但深知自己的本性，如同葵花豆藿永远向着太阳一样，那是一种刻在骨子里的执着。他渴望做一些有意义的事，让自己的生命焕发出光芒。

漫天风雪中，路长得似乎总走不到头。杜甫挂念着家里的妻儿。适逢灾荒，他不知道家人是否安好。及至终于进了家门，他听到的不是欢笑，却是哀号。原来，他最小的儿子已因饥饿死去。愧为人父的自责，让丧亲之痛更为深重。若是换作别人，会只顾沉浸在自己的悲伤里，但杜甫却总能因自己之苦想到他人之苦。他想到，像他这样有一官半职的人，不用交纳租税，不用服兵役，尚且活得如此辛苦，那些更不幸的人要怎么活下去？不能想象，不敢想象，一念及此，"忧端齐终南"，他觉得自己心中的忧愁已经要漫过终南山。

从长安到奉先的省亲之路，也是杜甫对自己此前生活和心灵的回望之路。他把这个世界看得越清，他救世济民的理想就越坚定，他对国家和百姓的爱就越深厚；他的思考越

深入，他的精神就越痛苦。写下来，痛苦就会纾解。他于是
将自己这段心路历程写成了《自京赴奉先县咏怀五百字》
一诗：

杜陵有布衣，老大意转拙。

许身一何愚，窃比稷与契。

居然成濩落，白首甘契阔。

盖棺事则已，此志常觊豁。

穷年忧黎元，叹息肠内热。

取笑同学翁，浩歌弥激烈。

非无江海志，萧洒送日月。

生逢尧舜君，不忍便永诀。

当今廊庙具，构厦岂云缺。

葵藿倾太阳，物性固难夺。

顾惟蝼蚁辈，但自求其穴。

胡为慕大鲸，辄拟偃溟渤？

以兹悟生理，独耻事干谒。

兀兀遂至今，忍为尘埃没！

终愧巢与由，未能易其节。

沉饮聊自遣，放歌破愁绝。

岁暮百草零，疾风高冈裂。

天衢阴峥嵘，客子中夜发。

霜严衣带断，指直不能结。

凌晨过骊山，御榻在嵽嵲。

蚩尤塞寒空，蹴踏崖谷滑。

瑶池气郁律，羽林相摩戛。

君臣留欢娱，乐动殷胶葛。

赐浴皆长缨，与宴非短褐。

彤庭所分帛，本自寒女出。

鞭挞其夫家，聚敛贡城阙。

圣人筐篚恩，实愿邦国活。

臣如忽至理，君岂弃此物？

多士盈朝廷，仁者宜战栗。

况闻内金盘，尽在卫霍室。

中堂有神仙，烟雾蒙玉质。

暖客貂鼠裘，悲管逐清瑟。

劝客驼蹄羹，霜橙压香橘。

朱门酒肉臭，路有冻死骨。

荣枯咫尺异，惆怅难再述。

北辕就泾渭，官渡又改辙。

群水从西下，极目高崒兀。

疑是崆峒来，恐触天柱折。

河梁幸未拆，枝撑声窸窣。

行李相攀援，川广不可越。

老妻寄异县，十口隔风雪。

谁能久不顾？庶往共饥渴。

入门闻号啕，幼子饿已卒。

吾宁舍一哀，里巷亦呜咽。

所愧为人父，无食致夭折。

岂知秋禾登，贫窭有仓卒？

生常免租税，名不隶征伐。

抚迹犹酸辛，平人固骚屑。

默思失业徒，因念远戍卒。

忧端齐终南，澒洞不可掇。

　　对于古诗来说，五百字足够长。从诗史来看，这五百字足
够重。在此之前，没有人像杜甫这样写诗，在诗中展现最真
实的世界和最真实的情感，在诗中盛放那样巨大的悲悯。在
此之前，人们认为好诗就是要让人感受到美和愉悦，风花雪
月才是诗的理想模样。但是杜甫打破了这样的局限与束缚，
从这首诗开始，他踏上了通向"诗圣"的道路。此时的他，
不再是世家子弟和朝廷官员，甚至不再是一个纯粹只坐在书
斋里吟诗作赋的文人，他沉到了生活的最底部，他成了在泥

泞中挣扎的、沉默的大多数人中的一员。

一个悖论是，底层民众真实的生活和人生，其实是最需要被书写的。但是身处这种生活中的人，很多时候并没有机会或者能力来书写，他们是沉默的大多数，太需要有人替他们发出内心的呐喊。而另一方面，那些有能力或者文字能被世人看见的名家，却早已脱离了泥泞的生活，即便写烟火人间，也总难免有些隔膜。

杜甫因为遭际不幸，活在了泥泞的人间，他有能力也有觉悟替那些沉默而遭受苦难的人们发出呐喊。这于世界来说是一种幸运，对杜甫本人来说亦是如此。他的诗是从泥土中生长出来的，能够与平凡人共情。共情，意味着看见、理解、陪伴、慰藉、疗愈……这就是杜甫之所以成为"诗圣"的原由。

第三章

安史之乱弃长安

感时花溅泪，
恨别鸟惊心。

突遭惊变，羌村避乱

　　天宝十四载十一月，安禄山借讨伐杨国忠为名，以十五万军力起兵于范阳，很快攻陷洛阳，并在次年正月，在洛阳称帝，令部将史思明经略河北。彼时，谁也没有想到，这场史称"安史之乱"的战争会持续八年之久，且会成为唐代甚至整个中国历史的转折点。

　　在"安史之乱"爆发的当月，杜甫回奉先探亲，之后又返回长安，继续做他的右率府兵曹参军。虽烽烟已燃，但平凡人的生活还得继续。很多时候，由于趋利避害的本性使然，人会自然而然心存侥幸，认为坏事不会降临到自己身上。况且，那时候的人们，都认为这不过是一次小小的叛乱，应该很快就会平息。

　　也正因此，杜甫在那些时日里，还曾和新结识的友人苏端、薛复、薛华等人一起饮酒放歌。翻过年头，天宝十五载（756）春日，杜甫去寻访崔戢和李封两位友人，并写下一首《晦日寻崔戢李封》诗。"思见农器陈，何当甲兵休"，他盼望着很快能够兵戈止息，熔剑为犁，天下重归太平。

然而，事情的发展并不遂人愿。先是听闻安禄山占领了东都洛阳，到了夏天，叛军已逼近潼关。若是潼关一破，叛军将会直入关中，长安不保。杜甫这才感到了局势的危急，他离开长安来到奉先，带着家人一路北上，去白水县投靠在那里做县尉的舅舅崔十九，并写下了一首《白水崔少府十九翁高斋三十韵》诗。诗中，杜甫说自己于盛夏时节从奉先来到白水，感恩舅舅的盛情款待，让自己与家人在战乱之中有一个栖身之处。杜甫寓居在舅舅家里，大院高宅，那里居高临下、视野开阔，然而他却无心欣赏风景之美。白水离潼关不算太远，虽然暂时还算安全，但在杜甫眼里，此处的山水烟岚似乎都隐隐有着金戈铁马的气息："兵气涨林峦，川光杂锋镝。"

当时镇守潼关的大唐将领是哥舒翰。西北一线能够任用的老将之中，封常清已因战败被斩，高仙芝也因受人诬陷已被处死，唐玄宗无奈，只得强令患有中风之疾的哥舒翰担此大任。杨国忠素与哥舒翰不睦，两人相互防备、彼此算计。属将王思礼建议哥舒翰杀掉杨国忠，但哥舒翰没有听从。

哥舒翰不知道，自己的一念之差将带来严重后果。按当时战场形势，宜守不宜攻。但唐玄宗听信杨国忠的一面之词，不顾郭子仪、李光弼的劝阻，一再催促哥舒翰出兵。哥舒翰只得率兵与安禄山叛军将领崔乾祐在灵宝西原交战，最终，哥舒翰惨败，二十万大军只余八千人。潼关失守，哥舒翰大败被俘，囚于洛阳，一年后被安庆绪杀害。

潼关陷落后，关中大乱，上到皇帝下到平民，无不惊惶不安，逃难的人群像潮水一般四处涌流。白水的人们也都心慌意乱，一个个加入了逃亡的队伍，向北而去，这其中也包括杜甫和他的家人，还有杜甫的表侄王砅一家。

逃难的人群，毫无秩序可言。走着走着，杜甫一个人落在了后面，原本的坐骑也没有了，只能步行，一不小心还掉在了坑里。幸而王砅发现了，向回走了十里地，这才找到了杜甫。他把马让给杜甫骑，一手牵缰绳，一手拿刀保护着表叔前行。就这样一路追赶，终于与家人团聚。

数年后，杜甫与王砅在潭州（今湖南长沙）相遇，还记着这件事，在《送重表侄王砅评事使南海》一诗中进行了追述："往者胡作逆，乾坤沸嗷嗷。吾客左冯翊，尔家同遁逃。争夺至徒步，块独委蓬蒿。逗留热尔肠，十里却呼号。自下所骑马，右持腰间刀。左牵紫游缰，飞走使我高。苟活到今日，寸心铭佩牢。"

为了尽快逃离战乱，杜甫一行人不得不在夜里赶路。四野一片寂静，鸟啼声让夜更静，也让人备感凄凉。离白水越来越远，半夜时分，他们到达了白水东北六十里的彭衙。

这一路上，因连日落雨，道路泥泞不堪，山路上泥水乱流，徒步而行的逃难者，异常艰难和狼狈。大大小小的人互相牵着手或攀着路旁的树木前进，一天也走不了几里地。湿冷的衣服贴在身上，没有食物，有时只能采些路边的野果食用。杜甫的小女儿饿急了，居然直咬父亲，杜甫怕她的哭声引来野兽，便将她紧紧搂在怀里，用手捂紧她的嘴巴，谁知小女孩闹得更厉害。儿子见此情景，懂事地采来一些苦李子给小女儿吃。

他们准备在彭衙附近的同家洼找一处人家过夜，然后再向北逃出芦子关去，没想到在同家洼，杜甫遇到了老友孙宰。孙宰将他们一家迎进门，准备了丰美的晚餐，还把堂屋让出来给客人住。这样的盛情，怎能不令身处困境中的杜甫感动和铭记？

路途艰难，幸有人情温暖。携带着这样的温暖，杜甫和家人继续上路，经华原（今陕西铜川耀州区），过三川（今河南黄河以南，灵宝市以东部分地区），到达了鄜州（今陕西富县）。

三川因三水会于此而得名。杜甫经过此地时，正值三水暴涨，水流冲击着黄土，浊水横流，大地一片汪洋，平地早已被淹没，只露出些小山包，无处可去的动物们站在上面，树木全被水冲倒，咆哮的水声让人心惊，如此凶猛的水势，让杜甫担心是江海倒灌、地轴开裂。

看着汹涌澎湃的洪水，杜甫感到人世的逼仄。听着可怕的水声，他想：这样的洪水流下去，不知会淹没多少人的家园，不知有多少人会葬身鱼腹。想到此处，他不由得抬头望天，唯愿人们都能骑着鸿鹄飞离这被洪水席卷的大地，获得平安。

突如其来的战乱，颠沛流离的逃难，又加上如此巨大的洪灾，在世间努力活着的人，要承受得太多太多。然而，杜甫没有停留在自叹自怜里，当他将自己汇入人群，苦难撑起了格局，博大的胸襟稀释了痛苦，一切都变得可以忍受。

这些日子太不寻常，兵变、逃难、洪水，桩桩件件都超出平凡生活的想象。太多的所见、所闻、所感、所思堆积在心头，如鲠在喉，不吐不快，于是杜甫写下《三川观水涨二十韵》一诗。这首诗完全抛弃了诗情画意的诗词美学，直面惨淡现实，用最真实的笔触，摹写洪水肆虐下的世界，风格正如此前长安遭受雨灾时他所写的《秋雨叹》，"雨中百草秋烂死"，如此衰败的意象，如此粗粝的语言，在传统诗歌中，十分少见。

杜甫对现实了解越深入，他就越有勇气在诗中用一种前所未有的手法，去表现现实，展现真实，哪怕这样的诗并不讨喜。表面的不讨喜，正是深层里的非凡之所在。

涉过洪流，杜甫一家终于到达鄜州西北的羌村，暂时有了一个安身之处。至于未来该如何，还要看局势而定。

孤身陷长安

在避乱羌村的日子里，杜甫一直密切关注着时局的变化，消息虽然传递得慢，但总算能够传到，有关京师和朝廷的事，也都能够了解。

潼关失守后，玄宗仓皇逃往四川，途经马嵬驿（位于今陕西兴平）时，群情激愤的禁军将士发动兵变，杀了杨国忠，逼迫玄宗缢死杨贵妃。事后，玄宗命太子李亨留守，他自己仍旧往四川逃难。不久，李亨北上，在灵武（今宁夏灵武）即位，遥尊唐玄宗为太上皇，改年号为至德，是为唐肃宗。天宝十五载，也就成了至德元载。

听说太子即位，本为东宫属官的杜甫，对于新皇充满期待，建功立业的雄心再次萌动。他告别家人，不顾战乱的危险，要孤身一人千里奔波去灵武见肃宗。可是最终，他没有到灵武，却出现在了被叛军占领的长安。

研究者们大多认为杜甫是在奔赴灵武的途中被叛军押解到长安的，但此说并无确切依据，且杜甫在长安期间行动自由，不太像是寻常的俘虏。因此也有研究者提出，杜甫很可能是主动来到长安的，缘由是当时肃宗委派的御史大夫崔光远正在长安附近的渭河北岸，招抚流散的官员和民众，杜甫接受招抚以后，便潜入长安城探知情报。这种说法也仅仅是推测，没有确切依据。

真相已无从追寻。或许可以这样认为，是上苍在冥冥之中让杜甫进入沦陷区，这位非凡的诗人将用他的眼睛和心灵记取一段真实的历史，成就独一无二的"诗史"。正如白居易在读了李白和杜甫诗集后所说"天意君须会，人间要好诗"，上天降下使命落在李杜二人身上，他们所有的命运，都注定是为了给人间献出好诗。

到长安不久，即是中秋节。杜甫怀念远方的妻儿，写下《月夜》一诗：

今夜鄜州月，闺中只独看。

遥怜小儿女，未解忆长安。

香雾云鬟湿，清辉玉臂寒。

何时倚虚幌，双照泪痕干。

古人写诗时，常有此种笔法：明明是自己思念对方，却偏写对方思念自己。在杜甫的想象中，远在鄜州的妻子，此刻一定也和自己一样，于闺中独自望月怀人，而儿女还小，不懂得思念父亲。

他继续想象着。夜深雾浓，雾气打湿了她的秀发，清冷的月光照着她的玉臂。她一定会感觉到孤寂和清冷吧。他在心里问：何时我们才能重聚？双双仰望着明月，在月光的照耀下，我们思念彼此的泪痕渐渐干透。

在常人的印象里，杜甫太过古板，不是一个浪漫多情的人。但实际上，他对妻子的爱意朴素且无比真挚和深厚。正因如此，他在诗中并未用深情的语言来描述自己的孤独与思念，而是设想妻子的处境与感受。我虽与你身处异地，但我的心能感受到你所感受的一切。我们共此一轮明月，心也就无限贴近。

让杜甫悲哀的，不只与家人的分离。

他看到遭洗劫的长安城一片荒凉破败，叛军大肆烧杀抢掠，大批金银珠宝被运走，以往养尊处优的王孙之中，有未及逃走的，处境极其凄惨。正如《哀王孙》一诗中所写："腰下宝玦青珊瑚，可怜王孙泣路隅。问之不肯道姓名，但道困苦乞为奴。已经百日窜荆棘，身上无有完肌肤。"

至德元载（756）十月里，宰相房琯请求带兵收复两京，与叛军交战于咸阳东边的陈陶斜，结果以惨败而告终，四万多人战死，幸存者仅几千人。杜甫《悲陈陶》一诗中说"野旷天清无战声，四万义军同日死。群胡归来雪洗箭，仍唱夷歌饮都市"，朴直的字句，发出泣血的悲鸣。陈陶斜败北之后，房琯又带兵出战，再次战败，杨希文、刘贵哲降敌，杜甫又写诗《悲青坂》。太多的悲哀，只能写进诗里。

　　不觉已是冬天，战乱仍在继续，杜甫在《对雪》一诗中，记录了自己日常生活的断面与瞬间的心情：

战哭多新鬼，愁吟独老翁。

乱云低薄暮，急雪舞回风。

瓢弃樽无绿，炉存火似红。

数州消息断，愁坐正书空。

　　薄暮时分，看着乱云低垂、急风吹雪，想着不知又有多少人新近死于战乱。独自枯坐屋内，樽无酒绿，炉无火红，一片冷寂，百无聊赖，外界音信又被隔断，愁闷无可解，诗人只有用手在空中不断地写字。"书空"是一个典故。东晋大将殷浩北伐失利后被流放，整日在空中手书"咄咄怪事"四字。这是一个人心情痛苦到极点又无法排解的情状。可以想象杜甫当时的心情。

　　冬去春来，时间一刻不停，不觉已是至德二载（757）。杜甫离家日久，更加思念家人，于是写下一首《一百五日夜对月》，诗中说："牛女漫愁思，秋期犹渡河。"表面上写牛郎织女的故事，实际上是写自己对于妻子的思念。他又有《忆幼子》一诗，专写对于儿子宗武的思念。在忧国忧民之外，杜甫也是一个顾家的丈夫和父亲。

　　这一时期，杜甫所写的诗中，最为人称道的是《春望》和《哀江头》。

　　《春望》：

> 国破山河在，城春草木深。
>
> 感时花溅泪，恨别鸟惊心。
>
> 烽火连三月，家书抵万金。
>
> 白头搔更短，浑欲不胜簪。

　　司马光在评论这首诗时说："近世诗人，唯杜子美最得诗人之体。"在他的理解里，杜甫写"国破山河在，城春草木深"，是在说国家破亡，一切皆遭扫荡，只有旧日山河还在，城中草木深深，可见已少有人迹，而花香鸟语本是令人愉悦的风物，此时却见花而哭泣、听鸟鸣而心悲，可见当时境况。这样的见解很有道理。杜甫的艺术表现力就是如此强劲。"白头搔更短，浑欲不胜簪"，从侧面写自己白发大把掉落，簪子几乎都无法插住，不写内心，内心之感受却已通过外在情状得到了极丰富有力的表现。

如果说《春望》表达的哀感还比较内敛，《哀江头》一诗则感情丰沛外露，连题目都鲜明地点出了"哀"：

少陵野老吞声哭，春日潜行曲江曲。

江头宫殿锁千门，细柳新蒲为谁绿？

忆昔霓旌下南苑，苑中万物生颜色。

昭阳殿里第一人，同辇随君侍君侧。

辇前才人带弓箭，白马嚼啮黄金勒。

翻身向天仰射云，一笑正坠双飞翼。

明眸皓齿今何在？血污游魂归不得。

清渭东流剑阁深，去住彼此无消息。

人生有情泪沾臆，江草江花岂终极？

黄昏胡骑尘满城，欲往城南望城北。

因为身处被叛军控制的长安，诗人只能偷偷来到曲江。故地重游，曾经有多繁华，如今就有多悲凉。他看到无数大大小小的宫殿，千门紧锁，细柔的柳条与新生的蒲草，不知愁苦，仍和往年一样青绿如许。想当年唐玄宗与杨贵妃来游曲江东南的芙蓉苑，彩旗招展，万物生辉，何等风光荣耀。谁想战乱突起，皇帝逃亡，贵妃横死，长安城音书隔绝，只有胡人马蹄带起的尘土漫天飞扬，令黄昏的天色变得更加黯淡。那次第，怎一个"悲"字了得！

　　长安城破之时，郑虔被俘至洛阳，后侥幸逃回长安。故友的归来让杜甫多了一丝慰藉，欣喜之余，他的心思又开始松动起来：既然郑虔能从洛阳逃回长安，那么我能不能从长安逃出呢？

破衣麻鞋赴凤翔

看起来，安禄山的军队已经占领了洛阳和长安，大唐岌岌可危，但实际上，事情正在慢慢发生变化。因为来路不正、不得民心，加之大唐军民中不乏有骨气的人坚决反抗，叛军已渐渐处于被动地位。

肃宗在灵武与回纥达成协议，借调来大量精兵。彼时大唐最得力的大将郭子仪和李光弼也率兵到达灵武，足智多谋的李泌也于此时应肃宗之召来到灵武。大唐军士已准备就绪，只等时机成熟，便会扬眉剑出鞘，一举收复长安。

很快，上天便送来了好时机。

至德二载正月，安禄山被其子安庆绪联合内侍李猪儿等人杀死，安庆绪称帝，却并不能服众，叛军士气大落。这个天大的好消息传到了长安，也传到了灵武。肃宗听从李泌建议，将行在由灵武迁至彭原郡（今甘肃宁县）。到了二月，肃宗又将行在从彭原郡迁至凤翔，而凤翔距长安，大约只有三百里路程。

杜甫和长安城所有大唐子民一样，听闻肃宗进驻凤翔，都欣喜若狂，他们感觉到收复在望，望眼欲穿，日夜期盼大军快点到来。然而两个月过去，眼看到了四月，还不见大唐军队的踪影。杜甫并不知道，肃宗他们是在等待最佳时机，以确保这次大反攻、大决战胜券在握。

实在按捺不住，杜甫决定冒险奔赴凤翔。不知他采用了何种办法，居然躲过了叛军的层层盘查，从西城的金光门逃了出去。杜甫自然不敢走大路，只能走荒僻的小道。有时，辨不清方向，杜甫就向着日落的方向走。有时走在一片连绵的山野间，正愁不知如何走出去，忽然就会出现一条路，这才稍稍松一口气。他就那样一步一步艰难地走着。

他想起当初困守长安城，在暮色中听到胡笳声声，幽怨含悲；旧时的园林，原本绝美的春色也满是凄凉。现在虽然路途艰险，毕竟自己已经逃出来了，想到凤翔就在前方，他浑身又充满了力量。

不知过了多久，他抵达了武功，看见了太白山上白色的积雪，凤翔就快到了，他心中一喜，加快脚步，向前奔去。

这是一条惊险的旅途，随时可能会饿死、冻死，随时可能命丧野兽之口或叛军之手。杜甫孤身行走着，如果就此死去，也不会有人知道。最终，他靠着强大的信念，战胜了恐惧与孤独，战胜了自己，竟奇迹般地从重重险境中安全脱离。

穿着麻衣破鞋、两肘裸露、黑瘦憔悴的杜甫终于抵达凤翔，此前熟识的人见了他这副模样，又惊讶又感动，都有些不敢相认。回顾这一路的九死一生、惊险困顿，杜甫也感到些许后怕。他百感交集，喜极而泣，写下《喜达行在所》三首，记录了这次历险的始末：

西忆岐阳信，无人遂却回。

眼穿当落日，心死著寒灰。

茂树行相引，连山望忽开。

所亲惊老瘦，辛苦贼中来。

愁思胡笳夕，凄凉汉苑春。

生还今日事，间道暂时人。

司隶章初睹，南阳气已新。

喜心翻倒极，呜咽泪沾巾。

死去凭谁报，归来始自怜。

犹瞻太白雪，喜遇武功天。

影静千官里，心苏七校前。

今朝汉社稷，新数中兴年。

　　肃宗也为杜甫冒死投奔的精神感动，遂于五月十六日下旨，表示已深知杜甫才德，特任命为左拾遗。冒死来赴，只得这样一个小官——左拾遗的官阶为从八品上，值得吗？实际上，左拾遗官位虽小，地位却非常重要，任此职的人其实是谏官，负责向皇帝提意见，也算是皇帝的近臣，能够时不时参与国家大事。一般来说，唐代任左拾遗的都是品行才能俱佳之人。

　　这足以看出，肃宗当时对杜甫很是看重，杜甫也深知这一点，对肃宗是满怀感恩之心。自己是安定下来了，可是家人呢？想到远在鄜州的妻儿，杜甫挂念不已，他很想回家探亲，但刚刚受了任命，也不好请假，只得写信询问。

　　在等待回信的日子里，杜甫内心备受煎熬。他无比期待听到家人的消息，却又怕听到，因为那消息有可能是他无法承受的噩耗。他听说叛军后来到了鄜州，所过之处无不烧杀抢掠，很多人都死了。他很怕家人遭遇不测，只留自己一个孤老头子在世上。他不禁想，如今自己授了新职，国家中兴在望，若是家人能够团聚，一起分享喜悦，一起举杯庆贺，该是多么幸福的事。

　　他把这一段时间以来的所思所想，都写在了《述怀》一诗中：

去年潼关破，妻子隔绝久。

今夏草木长，脱身得西走。

麻鞋见天子，衣袖见两肘。

朝廷愍生还，亲故伤老丑。

涕泪受拾遗，流离主恩厚。

柴门虽得去，未忍即开口。

寄书问三川，不知家在否？

比闻同罹祸，杀戮到鸡狗。

山中漏茅屋，谁复依户牖？

摧颓苍松根，地冷骨未朽。

几人全性命，尽室岂相偶？

嶔岑猛虎场，郁结回我首。

自寄一封书，今已十月后。

反畏消息来，寸心亦何有？

汉运初中兴，生平老耽酒。

沉思欢会处，恐作穷独叟。

千百年后读来，一个男人对于家庭的款款温情，真挚地流淌在字里行间，让人动容。他不是不想顾家，他不是不爱家人，只是他胸中装着大唐河山、大唐子民，装着未竟的理想，他只能如此选择。

好在不久后，他收到家书，得知妻子和孩子们都安好无恙，一颗心总算放下，只是遗憾一家人分隔两地，不能在一处共享天伦。眼前不能重聚，只有期待日后重逢。他在《得家书》一诗中写道：

去凭游客寄，来为附家书。

今日知消息，他乡且旧居。

熊儿幸无恙，骥子最怜渠。

临老羁孤极，伤时会合疏。

二毛趋帐殿，一命侍銮舆。

北阙妖氛满，西郊白露初。

凉风新过雁，秋雨欲生鱼。

农事空山里，眷言终荷锄。

不知何时才能与家人在一起，不知局势会如何发展，太多的未知，规划也是徒劳，最重要的，还是做好眼前手边的事。好容易得到左拾遗这个官职，杜甫下决心一定努力做好。只不过，很快他就会发现，不是认真做事就能获得想要的结果。

侠义萌动，疏救房琯

历尽艰险、置生死于不顾的杜甫，终于得到了肃宗的任命。这无疑是值得庆贺的事。谁知刚上任没几天，他就惹恼了肃宗。

事情因房琯而起。

房琯出身名门，其父房融曾在武则天朝任宰相。安史之乱爆发后，房琯追随玄宗去往四川，当上了宰相。后肃宗即位，玄宗派房琯与韦见素等人至灵武呈送传国玉玺与传位诏书，房琯又得肃宗赏识，居宰相之位。

房琯读书出身，写得一手好诗文，喜结交朋友、高谈阔论，又有些文人的清高率性，这样的个性使得他在朝中得罪了不少人。北海太守贺兰进明与房琯有过节，便上奏肃宗，说房琯华而不实，只以清谈博取虚名，又说此前玄宗"诸王分镇天下"的诏书，就是房琯所拟。

"诸王分镇天下"，是指将全国划分为四大区域，每个区域由一位皇子领兵镇守，此举可分散叛军兵力，有利于防止安禄山军队势力迅速扩散，但对于当时的太子李亨、后来的肃宗来说，无疑给其继承皇位造成了麻烦。果不其然，后来永王李璘拥兵自重，图谋夺取皇位。虽然肃宗已将永王之乱平息，但对这件事难免有所介怀。如今听说"诸王分镇天下"是房琯出的主意，再加上贺兰进明又添油加醋说了很多房琯的坏话，肃宗对房琯的倚重之心，渐渐冷了下来。

就在杜甫到达凤翔前，肃宗罢免了房琯的宰相之职，罪状是：其一，与严武等人结交朋党，败坏朝纲；其二，在陈陶斜、青坂两战中用兵不力，以至惨败，令军力大损；其三，纵容门客董庭兰收受贿赂。董庭兰是当时有名的乐师，房琯喜好风雅，便将其延请为门客。

杜甫并不知房琯被罢官之事有如此复杂的原因和背景。他素与房琯交好，一向敬慕其为人，便不顾自己刚刚上任，就冒死上疏为房琯求情。杜甫站在自己的立场上看问题，觉得房琯受了冤屈，而他为房琯辩解，不是为了私人情谊，是为了认真履行谏官的职责，不能看着皇帝犯错，因为一点儿小罪就罢免一个好好的宰相。

因为情绪激动，杜甫的上疏言辞不够克制谨慎，尤其是那一句"罪细，不宜免大臣"，这等于是直接批评肃宗判断有误，且不够宽容。他或许不会想到，他认为的小罪，在肃宗看来可能就是无法饶恕的大罪。有时候，皇帝处分一个人，只是因为不再想用他，罪状也只是借口而已。

肃宗震怒，下令将杜甫交由三司共同审问，这是唐代最高规格的司法审判，一般在审理国家大案、要案时才用。杜甫或有性命之忧。在他挺身而出救房琯的那一刻，应该想到了惹恼皇帝的可能，但他还是义无反顾这么做了，除了身为谏官的强烈使命感，还有埋藏在基因里的侠义之心的驱使。怀有侠义之心的人，做自己认为正确的事，会不顾一切。

幸而很多人求情，说杜甫此举只是在尽谏官的本分，若是因此获罪，以后恐怕没有人敢说真话了，肃宗无奈，只好赦免了杜甫。

按惯例，杜甫要写一封谢表给肃宗。六月一日，杜甫向肃宗呈上《奉谢口敕放三司推问状》，其中说自己疏救房琯言辞激烈，是因为此前身陷叛贼控制的长安，忧愤成疾、愁痛难抑所致，希望肃宗"弃细录大"。言下之意，是说自己疏救房琯这件事本身没有错，只是态度不好，而他仍认为房琯所犯是小罪，所以劝诫肃宗以后要抓大放小。这等于是向肃宗说明，他没有错，是皇帝错了。

从被任命为左拾遗到现在，仅仅过去了半个月，杜甫就惹下如此大祸。但对于自己的行为，他并不后悔。763年，房琯离世，杜甫在写给房琯的祭文中提到此事，还说那次抗疏救房琯是为了履行谏官职责，虽死不辞，唯一遗憾的是皇帝不理睬他，还要加刑于他，使得他感到羞愧和耻辱。

这是一个诗人的倔强和执念。

肃宗原谅了杜甫，但从那之后，他对杜甫丧失了热情，对杜甫之言充耳不闻，这让杜甫感到非常痛苦。说出的话，不被倾听，没有回应，就如同拳头打在棉花上，那种无力感让人绝望，何况是以言论影响朝政为本职的谏官。在这样的情况下，若是再有需要直言进谏的时刻，他只能保持沉默。比如侍御史吴郁被贬，杜甫明明知道吴郁受冤，但他没有站出来讲话，因为一切都是徒劳。

这件事成了杜甫的一个心结，直到几年后，他去往同谷（今甘肃成县）时，路经吴郁的家乡两当县，还专程去探访了吴郁的故居，作《两当县吴十侍御江上宅》诗，虽说吴郁那时并不在，但唯有如此，才能稍稍减轻内心存积已久的愧疚自责。

本以为官拜左拾遗，是离人生理想又近了一步，谁知因为疏救房琯一事，仕途又大大受挫。心底里，杜甫也明白，此生恐怕再也得不到肃宗的赏识和器重了。直到晚年，杜甫仍为此耿耿于怀。他在夔州所作的诗《秋兴八首》其三中，有

"匡衡抗疏功名薄"之句。杜甫的意思是说，汉代那个曾经凿壁偷光、勤苦攻读的匡衡，因为向汉元帝进言而被封为光禄大夫、太子少傅，而自己却因为上疏而差点丢了性命，看来是福薄命薄，注定与功名缘浅。

向皇帝提意见不行，举荐人才总还可以。六月十二日，杜甫与另一位左拾遗裴荐、左补阙韦少游等五人共同呈上《为补遗荐岑参状》。岑参此前在封常清幕府，如今也来到了凤翔。曾经的故友，在战乱中各有命途。李白因入永王幕府而被流放夜郎，高适却因为平定永王之乱而得到重用。如今，杜甫虽得罪了皇帝，但仍尽最大努力做好分内的事，能够推荐好友岑参入朝任职，也是颇感欣慰的事。

此时，严武也在凤翔任职。严武父亲严挺之与杜甫交好，杜甫比严武大十几岁，但这并不妨碍他们成为很好的朋友。严武对杜甫甚是礼敬。那时的杜甫，不会想到日后的自己，竟还要依附于这个年轻的友人过活。

肃宗虽然暂时没有治杜甫的罪，让他照常在朝中任职，但心里终究不舒服，于是便放杜甫长假，准许他回家省亲。这是一个令人忧愁又快乐的消息，表明肃宗在进一步疏远杜甫，同时，这也意味着杜甫在不久后就会见到分别已久的家人。

羌村重聚，闻捷返京

临行前，严武与贾至、岑参等人设宴为杜甫送行，杜甫作诗《留别贾严二阁老两院补阙》，诗中流露出感伤的情绪：

田园须暂往，戎马惜离群。

去远留诗别，愁多任酒醺。

一秋常苦雨，今日始无云。

山路时吹角，那堪处处闻。

这看似有些不合常理，按说与家人分别已久，如今终于能够回家团聚，是值得高兴的事，为何会自伤呢？其实只要设身处地想一想，就不难明白杜甫的复杂心情：战乱仍在继续，路途艰险，世事多变，如今要离开安定的凤翔，任谁都会感到前路茫茫，不安惆怅。

至德二载闰八月初一这天，已能感受到明显的秋意，在微凉的风中，杜甫踏上了北归之途。

他没有骑马。彼时凤翔虽为行在，但毕竟是个小地方，且是战乱中的临时政府驻地，物资相对匮乏，在朝中任职的官员也仅能维持温饱，官阶低微的杜甫更是可想而知。再加之当时正值战争，马匹就显得尤为珍稀。

算算从凤翔到鄜州，有六百多里路程，杜甫不免发愁。这么远的路，只凭双脚，何时才能走到？他想到了善于养马的将军李嗣业，便写诗借马代步。不知李嗣业有没有借马给他，只知杜甫到达麟游写下的《九成宫》一诗中，有"驻马更搔首"之句，据此推测他那时已经有了马骑。

"搔首"意为用手挠头，古人常以此词来表达忧思深重。杜甫的忧思是什么呢？九成宫为隋朝旧宫，唐太宗贞观年间重修，太宗、高宗都曾来此避暑。这一座宫殿，见证着岁月流逝与王朝兴衰。杜甫在诗中抒发历史沧桑之叹，忧思国家和人民的前途命运。

只是杜甫的感受，恐怕不止于此。他在诗中提到了太宗朝以直言进谏闻名的名臣魏徵。魏徵撰有《九成宫醴泉铭》。如今，身为谏官的杜甫，看到九成宫，再由《九成宫醴泉铭》想到魏徵，想必会多一些不便明言的深层感慨。自古谏官难做，只是魏徵有幸遇到有容人之量的太宗，而自己就没有那么幸运了。

经过麟游九成宫之后，杜甫又路过宜君玉华宫。玉华宫为贞观年间所建，曾经华丽的宫殿，已然衰败，虽然仍有清溪萦回、松风吹檐，自然景色非常优美，但这美景只能让人伤神。绝壁下矗立着宫殿的遗迹，有老鼠在古瓦间流窜，周围散落着无名野坟，曾经的官道也已被破坏，当年御驾降临，金车骏马，何等的辉煌，何等的气派，如今只留下些石马。杜甫坐在荒草丛中想着这些，落下泪来。

长路漫漫，似乎总走不到头。杜甫白天不停地走，晚上也在赶路。一天傍晚，他看着暮色中绵延不绝的山岭，看着雁鸟在寒水上浮游，看着一群饥饿的乌鸦成群集结在戍边的楼上，不觉想到，今日之朝廷已非旧日，战乱不知何时才能停止，自己一个白头苍老之人，此刻还奔波在回家的路上，真是惭愧。

> 三川不可到，归路晚山稠。
>
> 落雁浮寒水，饥乌集戍楼。
>
> 市朝今日异，丧乱几时休？
>
> 远愧梁江总，还家尚黑头。

这首《晚行口号》就是那一刻杜甫心情的写照。

一个夜晚，杜甫赶路之余在灯下独自饮酒，忽有所感，写下《独酌成诗》：

> 灯花何太喜？酒绿正相亲。
>
> 醉里从为客，诗成觉有神。
>
> 兵戈犹在眼，儒术岂谋身？
>
> 苦被微官缚，低头愧野人。

旧时夜晚点油灯，灯芯在燃烧过程中会爆出灯花，古人认为这是有喜信的预兆。旅途寂寞，杜甫独酌时，灯花出现，不知所报何喜。醉酒之际，灵思飞扬，诗写得有如神助。只是眼下正值战乱，会写诗的一介儒生又能改变什么呢？为这个小小的官职束缚，还不如那些江湖野客来得自在。

一路跋山涉水，提心吊胆地躲过乱兵，杜甫终于抵达鄜州羌村，与家人团圆。他到家的时候正是黄昏时分，红云漫天，斜阳照着大地，鸟雀欢叫，似在欢迎这千里归客。妻子儿女见他回来，先是感到巨大的惊喜，之后开始拭泪。生逢乱世，能够好好地活着回来，是偶然，也是幸运。邻居围观杜甫与家人见面的场景，也不禁感叹唏嘘。夜里，杜甫与妻子在灯烛下对坐，感觉像是在梦里一般。得之不易的幸福时刻，会让人有不真实感。初到家时的情景，他记录在《羌村三首·其一》中：

> 峥嵘赤云西，日脚下平地。
>
> 柴门鸟雀噪，归客千里至。
>
> 妻孥怪我在，惊定还拭泪。
>
> 世乱遭飘荡，生还偶然遂。
>
> 邻人满墙头，感叹亦歔欷。
>
> 夜阑更秉烛，相对如梦寐。

此诗既忠实地还原现实，又从对日常生活的叙写中透出浓郁诗意，这源于杜甫对诗歌题材与语言的出众驾驭能力。

小孩子见父亲回来，围在杜甫膝头，寸步不离，生怕父亲再走。但是老父亲却陷入了沉思。想到去年来羌村寓居时，还正当炎夏，时光倏忽，如今已是北风萧萧，其间遭遇种种，一言难尽。当初归的喜悦渐趋平淡，日常生活便少了欢趣，虽然现已归家，但仍忧思萦怀，只有借酒消忧。他还在忧什么呢？忧的是前路茫茫，家国飘摇。这样的心情，杜甫写在了《羌村三首·其二》中：

> 晚岁迫偷生，还家少欢趣。

娇儿不离膝，畏我复却去。

忆昔好追凉，故绕池边树。

萧萧北风劲，抚事煎百虑。

赖知禾黍收，已觉糟床注。

如今足斟酌，且用慰迟暮。

杜甫一家居羌村已一年有余，乡间人情纯美，父老乡亲们一起来送酒给杜甫，还说年轻人都出去打仗了，田地荒疏，收的粮食不多，所以酿的酒味道很淡，一点心意，请多包涵。杜甫被这质朴的情谊感动得热泪纵横，同时又自感无力报答，愧对如此深情，于是写下《羌村三首·其三》：

群鸡正乱叫，客至鸡斗争。

驱鸡上树木，始闻叩柴荆。

父老四五人，问我久远行。

手中各有携，倾榼浊复清。

莫辞酒味薄，黍地无人耕。

兵革既未息，儿童尽东征。

请为父老歌，艰难愧深情。

歌罢仰天叹，四座涕纵横。

暂居羌村的杜甫，将此次北归途中与到家后种种经历进行了总体回顾，并且对当时局势进行了深入思考后，写下了一首叙事咏怀的长诗：《北征》。历来评论家认为，《北征》可称是《自京赴奉先县咏怀五百字》的姊妹篇。此诗详细地叙述了当时的社会现实状况，表现了深沉的忧国忧民的情怀，思想性和艺术性达到了高度统一，在这样的宏大主旨之下，又有极细微的日常生活的细节描述，展现出了诗人的至情至性。

　　出发之前喜忧参半的复杂心情、归家途中的种种见闻、与家人劫后重逢的悲欣交集以及一家人在一起时的种种琐碎温馨，被杜甫用深致笔力一一写来，连最微小的细节也不放过。他写刚到家时，妻子衣衫褴褛，儿女们面黄肌瘦，赤着脚，穿着补丁短衣："经年至茅屋，妻子衣百结。恸哭松声回，悲泉共幽咽。平生所娇儿，颜色白胜雪。见耶背面啼，垢腻脚不袜。床前两小女，补缀才过膝。"他写小女儿淘气地学着母亲的样子描眉，天真的模样令人忍俊不禁："学母无不为，晓妆随手抹。移时施朱铅，狼籍画眉阔。"他写孩子们纷纷围拥着自己，不顾礼节扯着父亲的胡须，叽叽喳喳问这问那，令他不忍呵责阻止："生还对童稚，似欲忘饥渴。问事竞挽须，谁能即嗔喝？"

　　但他终究不能只沉浸在家庭的欢聚之中，他的思虑总离不开国家。对于肃宗借调回纥兵力，他表示会有隐忧；对于平定叛乱，他满怀信心。他希望当今皇帝能像周宣王和汉光武帝一样，中兴国家，将祖宗基业发扬光大："周汉获再兴，宣光果明哲。"这些思虑，他也写在了《北征》里。

《北征》这一鸿篇巨制，有大背景，又有小细节；既有深刻的理性思想，也有感性的生活具象。《唐宋诗醇》中记有评论说杜甫此诗"以排天斡地之力，行属词比事之法，具备万物，横绝太空，前无古人，后无来者"，叶梦得将此诗与司马迁的《史记》相提，认为是"古今绝唱"。

至德二载九月，李俶任天下兵马元帅，郭子仪为中军，率十五万大军开始了收复长安的战斗。是月，被叛军占领两年多的长安，回到了大唐的怀抱。之后，唐军接连大捷，十月，洛阳收复。

听闻捷报后的杜甫欣喜若狂。十一月，他回到长安，继续担任左拾遗，只是不知肃宗是否打算让他在这个职位上长久地干下去。

第四章

从被贬到弃官

罢官亦由人，
何事拘形役。

长安的失意，华州的隐忍

杜甫回长安不久，至德二载十二月，已成为太上皇的玄宗返回长安。玄宗与肃宗，这对父子的关系变得微妙起来。

玄宗有着强大的群众基础，虽已不在皇位，但臣下和民众仍对其怀有浓厚的感情。肃宗新皇上位，看到玄宗仍有如此巨大的影响力，自然心存忌惮。为了稳坐皇位，肃宗需要清理玄宗旧臣，扩大和巩固自己的势力。入京还朝的杜甫，起初并没有感受到政治深海之下的暗流涌动。

新的一年，肃宗改年号为乾元。乾元，意为天道伊始。长安收复，中兴在望，又恰逢春天，不免让人精神振奋。时任中书舍人的贾至写下了《早朝大明宫》一诗，王维、岑参与杜甫都为贾至此诗写了和诗。王维和诗中有"九天阊阖开宫殿，万国衣冠拜冕旒"之句，历来为人称道。杜甫和诗中描写宫殿朝仪的诗句"旌旗日暖龙蛇动，宫殿风微燕雀高"，虽不如王维的诗句气象宏大，但看得出，他在努力描述盛世图景。

彼时的长安城，经过战乱，已不复诗中所写的盛大美好，杜甫等人诗中所写的大明宫盛景，不过是对大唐盛世的一种追忆和对未来中兴的一种渴望。带着这样的追忆与渴望，带着感恩的心，杜甫在左拾遗的官位上极其努力、极其认真地履行着职责。大明宫里的宣政殿、紫宸殿等宫殿，都曾见证过他早出晚归、兢兢业业的身影。

有时候，第二天早朝有事上奏，杜甫会在头一天晚上因为紧张、兴奋而睡不着觉。"不寝听金钥，因风想玉珂。明朝有封事，数问夜如何。"《春宿左省》一诗中的句子，正是那种心情的真实记录。

然而，无论如何努力，肃宗对他始终是冷淡、疏远的。在门下省当值时，在华美的宫殿与明媚的春色里，孤寂与伤感突然袭来，于是杜甫写下一首《题省中壁》，其中有这样的句子："腐儒衰晚谬通籍，退食迟回违寸心。"一大把年纪才做了这个小小的官，而且这个官也做得并不称心，真正的抱负无法实现，那种痛苦，只有自知。

痛苦还来自现实生活的艰难。战乱使经济受到重创，连皇家也不得不有所节俭，更何况杜甫这样一个小官，日子窘迫可想而知。在《曲江二首》中，杜甫写道："朝回日日典春衣，每日江头尽醉归。酒债寻常行处有，人生七十古来稀。"心中之苦，无以消解，唯有借酒以浇块垒，然而无钱买酒，酒债欠得太多，不得不典当衣服去换酒钱。

心底里，杜甫对于当时的政治局势，不可能没有感觉和判断。那一时期，他写了很多情绪低落的诗，或许他也知道，担心的事有一天终会发生。

事实上，形势正在慢慢起着变化。

春天还未过去，不久前刚刚写下《早朝大明宫》一诗的贾至，突然被贬为汝州刺史，杜甫作《送贾阁老出汝州》一诗相赠，在诗中他对贾至的离京表示悲伤，同时又劝解友人，说刺史也是不错的官职，千万不要为此伤神。

故友郑虔也被贬出京去，因为时间紧迫，没能同杜甫告别。在郑虔的故居前，杜甫看着荒凉空宅，想起以前与郑虔在长安相处的美好时光，不禁悲从中来，于是写诗《题郑十八著作丈故居》，其中有句云"乱后故人双别泪，春深逐客一浮萍"。宦海浮沉，人如漂萍，谁又知道，下一个被逐出京的会不会是自己。

不觉春日已尽，端午节到了。按惯例，朝廷官员会得到皇帝赐给的换季夏衣，杜甫也获赐一件细葛宫衣，他写下《端午日赐衣》一诗谢恩：

宫衣亦有名，端午被恩荣。

细葛含风软，香罗叠雪轻。

自天题处湿，当暑着来清。

意内称长短，终身荷圣情！

　　杜甫在诗中表示，没想到自己也能够在赐衣之列，这说明他早已预料到自己可能会被贬官。无论如何，对于当时清贫已极的杜甫来说，这件御赐的夏衣轻软清凉、大小合身，不但可解暑热之苦，也是一种无上荣耀，这让他终生感激。

　　不过，一切比想象中来得更快。

　　端午赐衣没过多久，六月里，肃宗大肆推进清算玄宗旧臣的行动，先是房琯被贬为邠州刺史，随后严武被贬为巴州刺史，杜甫被贬为华州（今陕西华县）司功参军。杜甫与严武、贾至等人，肃宗视为房琯同党。

　　杜甫从西边的金光门出城离开。在诗作《至德二载，甫自京金光门出，间道归凤翔。乾元初，从左拾遗移华州掾，与亲故别，因出此门，有悲往事》中，杜甫记录了当时的情形和自己的所思所感。

　　当初，他就是从这金光门出长安城冒死逃往凤翔的，想那时虽身处险境，但满怀希望。如今再出此门，却是满怀失意。驻马回望,长安城千门万户重重洞开,洞开的门,却要送人离开。没有人知道,这是杜甫与长安的最后情缘。

从长安东去一百八十里,即为华州,西岳华山遥遥在望。杜甫到了郑县(今陕西渭南华州区),望见华山,作《望岳》诗:

> 西岳峻嶒竦处尊,诸峰罗立似儿孙。
>
> 安得仙人九节杖,拄到玉女洗头盆。
>
> 车箱入谷无归路,箭栝通天有一门。
>
> 稍待秋风凉冷后,高寻白帝问真源。

诗中写远望之中和想象之中西岳华山的险峻雄奇,说待秋凉后再去登临。此后,却未见登华山的诗作留存,很可能诗人并未亲身登上华山。

多年前,他也曾写下一首题为《望岳》的诗。只是那时的他,望的是东岳,志气昂扬,青春勃发;现在的他,历经战火离乱与世事无常,遥望西岳,已不复有当年的豪情万丈。

时间来到了七月六日这天。夏末秋初,天气仍燠热难耐,热得杜甫连饭也吃不下。白天苍蝇乱飞,晚间还有蝎子出没。这样的生存环境已逼得杜甫想要发狂大叫,却不料还有堆积如山的公文催迫着他。远远看见南边沟壑间的青松,杜甫突发奇想：怎样才能去到山野间，赤脚踏在冰层上，享受那份透骨清凉的惬意呢？他将这种燥热困扰之下的烦乱心情，真实地流露在了《早秋苦热堆案相仍》一诗中：

七月六日苦炎蒸，对食暂餐还不能。

常愁夜来皆是蝎，况乃秋后转多蝇。

束带发狂欲大叫，簿书何急来相仍。

南望青松架短壑，安得赤脚踏层冰？

虽然在诗中抱怨，说想要逃到山里去，但在现实中，杜甫选择了隐忍。他一如往常关心着国家大事，并且尽职尽责地工作着。《为华州郭使君进灭残寇形势图状》，是他上任不久替华州郭刺史写给肃宗的文章，文中分析了战场形势，还有附图，提出了几个用兵策略，希望肃宗一举消灭叛军残部，彻底平定战乱。

秋日赴蓝田，冬游洛阳城

乾元元年（758）九月九日重阳节，杜甫有了一次蓝田之行。

蓝田距华州不足百里，很快就到。在那里，杜甫参加了一场重阳登高游宴，写下《九日蓝田崔氏庄》一诗：

> 老去悲秋强自宽，兴来今日尽君欢。
>
> 羞将短发还吹帽，笑倩旁人为正冠。
>
> 蓝水远从千涧落，玉山高并两峰寒。
>
> 明年此会知谁健？醉把茱萸仔细看。

自古人皆悲秋，尤其老来失意之人，只能强自宽慰。今日既得相聚，一时兴来，且将一切烦忧抛诸脑后，尽情欢娱。山风差点将杜甫的帽子吹落，他怕别人看见他因忧思深重而稀疏的短发，便笑着请别人帮忙戴好。此间山水佳美，只是如此美景，不知到了明年今日，又有谁还会在这里？未来不可知，且珍惜当下，将佩在身上的茱萸细细看来。

崔氏山庄的主人究竟是谁？有研究者认为是杜甫舅舅一系的亲属，说杜甫此次重阳登高，是参加一次家庭聚会，此前他在长安生活艰难，便将家人托付于蓝田崔氏，居住在崔氏山庄。这只是一种推测，并无实际依凭。

更多研究者倾向于认为崔氏指的是崔季重，是王维母家的族亲。崔季重在蓝田建有东山草堂，与王维的辋川别业相距很近。崔季重与杜甫友人苏源明交好，而王维在朝中与杜甫共事，所以杜甫很可能在此之前就与崔季重相识，此次是受邀前来。

杜甫在此时还作有一首《崔氏东山草堂》诗：

爱汝玉山草堂静，高秋爽气相鲜新。

有时自发钟磬响，落日更见渔樵人。

盘剥白鸦谷口栗，饭煮青泥坊底芹。

何为西庄王给事，柴门空闭锁松筠。

这就更证明崔氏指的是崔季重，诗中的"王给事"指的是王维，时任给事中。

重阳登高之后，杜甫在崔季重的东山草堂又小住几日。山居日静，秋高气爽，时闻钟磬音，更显山中幽静，日落时分，打鱼、采樵之人披着暮色归来，尽显自在野趣。在那里，杜甫吃到了白鸦谷的栗子，产于青泥驿的野芹煮饭也非常美味。闲时杜甫还曾去西庄拜访王维，可惜王维并不在。

王维写有很多描摹蓝田辋川风景的诗，空虚静美，很有些出世的隐逸风味。杜甫到了王维诗中所写之地，诗句中不免也有了此种意味，"有时自发钟磬响，落日更见渔樵人"两句可见端倪。然而杜甫终究不是王维，他无法让自己置身事外。华州任职的苦闷，在蓝田之行中稍得缓解。经过这一次短暂的放松，杜甫又回到了华州，继续他的职责。

就在这个九月，杜甫与李嗣业在华州相见。李嗣业奉旨率兵从怀州到长安，准备与郭子仪等人会师攻打安庆绪。途经华州，郭刺史设宴款待李嗣业，杜甫于席间作陪。杜甫与李嗣业本为旧识，如今亲见李嗣业的军队军纪严明、士气高昂，他不禁对平叛充满希望，于是写下《观安西兵过赴关中待命二首》，赞美李嗣业的安西军，表达对胜利的期盼。

杜甫所任的司功参军，主要负责祭祀、礼乐、文书、考试、教育、医药等事务。这年十二月，华州举行进士考试初选，杜甫为举子们出了五道策问题目，分别从赋税、驿马供应、水路运输、军队给养、货币改革这些方面提出问题，请考生作答。对于习惯在书斋中求取功名的考生而言，这样的题目现实性过强，难度很大，所以很多人对杜甫表达不满。

相比之前的兵曹参军，司功参军这个职位跟文化更为接近。可是在这里，杜甫仍感无力。他不能有更多作为，无法一展抱负。这让杜甫在无奈、失望之余，有了职业倦怠感。随着天长日久，这种倦怠，越来越深重。

这年冬末，杜甫决定去洛阳走一走。

刚出华州，路遇故人杨绾的晚辈杨少府。得知杨少府将去往长安，杜甫突然想起此前曾答应过，要带一些华州当地产的茯苓给杨绾，只因近来天气寒冷，没有采到茯苓，所以写诗以为信，请杨少府代向杨绾致歉，并说等自己从洛阳回来，天气暖和了，一定采挖上好茯苓寄去。杜甫困顿至极时曾采药售药以谋生，他了解草药，应是身边友人熟知的事。

杜甫此行并不孤单，因有一位来自鄠县的李老先生同路。李老先生所骑胡马颇为健硕，一向爱马的杜甫见之甚是欢喜，情不自禁写下一首《李鄠县丈人胡马行》，诗中赞美那匹胡马"头上锐耳批秋竹，脚下高蹄削寒玉"。有人相伴的旅途，欣赏着耳似秋竹、蹄削寒玉的骏马，令杜甫的心情明朗了很多。

很快到了阌乡，杜甫受到姜少府的热情接待，吃到了一种不很常见、味道极为鲜美的鱼。席间，杜甫还见到了在凤翔结识的旧友秦少府。时移岁迁，一番叙谈，几多慨叹。

下一站，杜甫抵达湖城，晚上住在友人刘颢家。第二天杜甫辞别刘颢，刚走到湖城东边，竟巧遇旧友孟云卿。赴华州前，杜甫曾与孟云卿举杯惜别，写有《酬孟云卿》一诗：

> 乐极伤头白，更长爱烛红。
>
> 相逢难衮衮，告别莫匆匆。
>
> 但恐天河落，宁辞酒盏空。
>
> 明朝牵世务，挥泪各西东。

故友重逢，难舍难分。杜甫于是与孟云卿再度返回刘颢家，又是一场诗酒风流的恣意欢会。虽欢聚过后就要别离，但有过这样的友情慰藉就已足够。

离开湖城，杜甫途中遇到李嗣业率兵奔赴邺城，将与郭子仪等会师合围安庆绪。杜甫再作《观兵》诗，尾联"莫守邺城下，斩鲸辽海波"，是杜甫对当时战局的看法，他认为不应攻打邺城，而应直捣叛军老巢，只要擒获史思明，邺城自然不攻而破。事实证明，杜甫很有战略眼光，他的想法与李光弼的意见不谋而合。只可惜，当时肃宗让不懂军事的宦官鱼朝恩监军主事，后来邺城之战以叛军大获全胜而告终。

杜甫这一路行来，不断有偶遇旧友的惊喜，最大的惊喜来自与卫八处士的相遇。他没有想到，二十年后还能够来到卫八的家。

人生不相见，动如参与商。

今夕复何夕，共此灯烛光。

少壮能几时，鬓发各已苍。

访旧半为鬼，惊呼热中肠。

焉知二十载，重上君子堂。

昔别君未婚，男女忽成行。

怡然敬父执，问我来何方。

问答未及已，驱儿罗酒浆。

夜雨剪春韭，新炊间黄粱。

主称会面难，一举累十觞。

十觞亦不醉，感子故意长。

明日隔山岳，世事两茫茫。

相遇之难，就如天空各处东西的商星与参星。是怎样的机缘呢？阔别二十年的友人，竟就这样毫无征兆地见面了。是什么样的好日子，能够让久别重逢的故人，夜晚共坐灯烛之下忆旧？记忆中还是青春的模样，眼前人却已白发苍苍。往昔共同的朋友，有一半已不在人世，这怎能不让人惊呼出声、痛断肝肠？当初分别时尚未婚配的卫八，如今已是儿女成群。孩子们对杜甫颇为礼敬，拉着他问从哪里来，还没等杜甫回答，孩子们又忙忙地摆上了酒。春韭黄粱，鲜美的饭食，尚不足以表达主人的盛情，还要频频举杯劝酒。杜甫连饮十杯也无醉意，心里为这酒一般浓烈的友情深深感动。可是一想到明天就要分离，山高水远，世事茫茫，再相见不知是何时，又怎能不让人神伤！与卫八相逢的喜、相离的悲，都在这首《赠卫八处士》诗中。

隔着久远的岁月，如今读杜甫这首诗，我们心中会产生巨大的共鸣与深深的怅惘。久别重逢，人世沧桑，死生契阔，岁岁年年，红尘滚滚如厉风席卷，而友情始终为薄凉的心提供庇佑。杜甫此诗，完全由心而出，信手写来，浓情融于无痕，深意蕴于空灵，人生种种况味只以婉转浅近之语道出。

等杜甫到达洛阳时，已是第二年初春。他在洛阳城里忆旧，又去了曾居住过的陆浑庄。历经战乱，旧地重游，亲友故旧多有离散，幸而不久得到了弟弟的消息，但重聚仍是无望。

洛阳之行，是一场怀旧之旅，也是伤感之旅。

"三吏""三别"哭苍生

洛阳虽是故地，只因故人不在，物是人非，所以杜甫并未久留。乾元二年（759）三月，他便启程从洛阳返回华州。

此前，李嗣业攻打邺城，为流箭所伤，不久亡故。郭子仪、李光弼、王思礼等九位节度使率军围攻邺城，安庆绪艰难抵抗，两军相持不下，都十分辛苦。后史思明赶来救援安庆绪。就在三月里，史思明所率叛军与郭子仪等人所率唐军，在相州（今河南安阳）进行了决战。

最终，双方各自溃退散逃。这次战争没有胜利者，但相对而言，唐军损失更为惨重，战场形势开始向着对叛军有利的方向转变。

战后，郭子仪退守河阳，为快速补充兵力，开始大肆征兵。由于战争旷日持久，民间已无丁壮可征，很多尚不足龄的少年也被强征入伍。在洛阳以西不远的新安（今河南新安），杜甫听得人声喧哗，才知是官府在征兵。前去询问，县吏说，新安县小，已无成年丁壮可征，昨夜接到命令，要求刚满十八岁的中男入伍。那么小的孩子，怎么能够打仗呢。那些应征的孩子，有的有母亲相送，有的孤身一人，但都一样让人看着心疼。天地无情，山水含悲，诗人无力改变这一切，只有忍痛含泪，激励这些新兵好好为国效力，并且宽慰他们说，阵地并不远，劳役也不算重，主帅对士兵很是关爱……语言是如此苍白，但除此之外，杜甫什么也做不了，只有把他们的痛苦写在《新安吏》一诗中。

过了些时日，杜甫走到石壕村（属今河南陕州），夜晚在那里投宿，又一次遇到了官吏抓壮丁的事，于是写下《石壕吏》一诗：

暮投石壕村，有吏夜捉人。

老翁逾墙走，老妇出门看。

吏呼一何怒，妇啼一何苦！

听妇前致词，三男邺城戍。

一男附书至，二男新战死。

存者且偷生，死者长已矣！

室中更无人，惟有乳下孙。

有孙母未去，出入无完裙。

老妪力虽衰，请从吏夜归。

急应河阳役，犹得备晨炊。

夜久语声绝，如闻泣幽咽。

天明登前途，独与老翁别。

诗人夜晚投宿某个人家，夜里语声喧嚷，县吏前来抓丁。老翁闻讯翻墙逃走，老妇出门查看。杜甫在屋内，只听得县吏怒气冲冲的呼喝和老妇辛酸悲苦的啼哭。面对县吏的催逼，老妇哭泣着冒死陈词，说家中三个儿子都去邺城打仗了，最近收到一个儿子的信，说其他两个兄弟都战死了。现时家中除了自己，只剩儿媳妇和一个还在吃奶的小孙子。老妇说，自己虽然年老力衰，但是还能够为将士们做饭，所以请求官吏带她走。夜深了，一片安静，很显然老妇已随吏入伍，但她那满含幽怨的哽咽哭泣之声，一直回响在杜甫耳边，久久不停。天亮后，杜甫上路，送他的只有偷偷回家、逃过一劫的老翁。

《石壕吏》一诗，艺术手法独绝别致，除了开篇四句与结尾四句交代事情因果，诗的主体部分的叙述，均以杜甫的听觉展开。很少有人如此写诗，这正是原汁原味的生活实录，使得诗作的现实性与真实性达到了无以复加的程度，同时又具有很高的艺术性。

汉乐府中有《十五从军征》一诗，也是写实性的叙事诗，与之相比，杜甫的《石壕吏》更具独创性。全诗无一句评判，诗人将自己的态度隐于文字之后，无一字控诉，却字字句句都是控诉。战争的恶果，终由本就饱经战乱之苦的民众承受了更多。官吏的怒喝、老妇的哭诉与幽咽，声声撞击着杜甫的心，他在诗中真实再现了这样的声音。用文字描摹的声音更具穿透力和感染力，激荡着一代代读诗人的心房，也充分诠释了什么叫作"诗史"。

行经潼关时，杜甫看到士兵们在辛苦筑城，前去详细了解情况，潼关吏声称潼关城防坚固无比："连云列战格，飞鸟不能逾。胡来但自守，岂复忧西都。丈人视要处，窄狭容单车。艰难奋长戟，万古用一夫。"这让杜甫想起了三年前哥舒翰在潼关的惨败，他殷殷嘱咐将士，一定要守好这座关中要塞，不能重蹈哥舒翰的覆辙："哀哉桃林战，百万化为鱼。请嘱防关将，慎勿学哥舒。"杜甫将在潼关看到的、听到的、想到的，写成了一首《潼关吏》。

《新安吏》《石壕吏》《潼关吏》合称"三吏"。在此次从洛阳返回华州的行程中，杜甫无比深入地了解到战争给民众带来的无法摆脱的痛苦，除了"三吏"，他还写了"三别"，即《新婚别》《垂老别》《无家别》三首诗。

"三吏"以杜甫的视角展开叙写，着重叙述所发生的事，而"三别"则是以各自主人公的口吻进行的内心独白，重在抒发人物的思想感情。从"三吏"到"三别"，可见杜甫与底层民众的距离越来越近，他似乎成了他们中的一员，感受着他们的感受，痛苦着他们的痛苦。

比如《新婚别》：

> 兔丝附蓬麻，引蔓故不长。
>
> 嫁女与征夫，不如弃路旁。
>
> 结发为妻子，席不暖君床。
>
> 暮婚晨告别，无乃太匆忙！
>
> 君行虽不远，守边赴河阳。
>
> 妾身未分明，何以拜姑嫜？
>
> 父母养我时，日夜令我藏。
>
> 生女有所归，鸡狗亦得将。
>
> 君今生死地，沉痛迫中肠。
>
> 誓欲随君去，形势反苍黄。
>
> 勿为新婚念，努力事戎行。
>
> 妇人在军中，兵气恐不扬。
>
> 自嗟贫家女，久致罗襦裳。
>
> 罗襦不复施，对君洗红妆。

仰视百鸟飞，大小必双翔。

人事多错迕，与君永相望。

全诗以新娘对新郎诉说的凄然口吻娓娓道来：若是谁家把女儿嫁于征夫，还不如遗弃在路旁。为何如此说？因为我头天晚上才与你成婚，第二天早晨你就应征入伍了。新婚燕尔，本应缱绻甜蜜，可是你连席子都没睡暖就走，这也太过匆忙了。虽说去的地方河阳不算远，但到底是去打仗啊。按礼制，成婚三日，身份才定。如今叫我以什么身份去见婆家人呢？我自小被父母养在深闺，严格教养，希望嫁个好人，却没想到嫁给了你。我发誓想要追随你去到军中，只怕不被允许，因为女子在军中会影响士气。既然如此，你就不要顾念其他，在军中好好服役。只可怜我这贫家女，好不容易置办了这么多美丽的嫁衣，如今也用不上了，趁着你还没走，我把红妆洗掉吧。眼见鸟儿都能成双成对，可是你和我只能永远地遥相守望。

杜甫好似真的进入了那位新嫁娘的内心世界一般，写得真挚动人。与《新婚别》一样，《垂老别》与《无家别》都是以第一人称代主人公进行独白。

《垂老别》写一位"子孙阵亡尽"的老翁，被抓去从军，他与家中仅存的亲人——病弱的老妻告别，明知此去之后，活着回来的希望极其渺茫，老妻却还殷殷叮嘱他努力加餐，保重身体："此去必不归，还闻劝加餐。"这无力的安慰，比直抒胸臆的号啕更让人感觉沉痛。

《无家别》的主人公是一位在邺城之战中幸存的士兵，他返回故里，却已没有了家："久行见空巷，日瘦气惨凄。但对狐与狸，竖毛怒我啼。"他准备务农为生，谁知就在万物凋敝的荒凉田园中劳作时，却被再次征召入伍。他已经孑然一身，去哪都无所谓，就是遗憾没有好好侍奉过母亲："生我不得力，终身两酸嘶。"这是多么深重的悲哀！

杜甫继承了古乐府的创作手法，又用自己的方式进行了不着痕迹的创新，他的"三吏""三别"将战乱时期普通百姓的苦难生活，写得如此之深、如此之广，他的目光放得越低，他的思想境界就越高。背负着自己命运的苦难，杜甫却总能对他人的苦难感同身受，他为那些被压迫、被损害的灵魂，发出旷古呐喊，洒下千秋之泪。今人读之，也不免落下泪来。

辞官去职，不愿拘形役

杜甫回到华州以后，又面对新的困境。

乾元二年，关中数月无雨，久旱让天气变得酷热无比。杜甫连作两首诗《夏日叹》《夏夜叹》，合起来看，就是日夜都在忧叹，他叹的可不只是自己的艰难。

《夏日叹》诗云：

夏日出东北，陵天经中街。

朱光彻厚地，郁蒸何由开。

上苍久无雷，无乃号令乖。

雨降不濡物，良田起黄埃。

飞鸟苦热死，池鱼涸其泥。

万人尚流冗，举目唯蒿莱。

至今大河北，化作虎与豺。

浩荡想幽蓟，王师安在哉？

对食不能餐，我心殊未谐。

眇然贞观初，难与数子偕。

夏天的太阳酷烈已极，将土地晒得片片干裂，黄尘在热风中四处飞扬，暑气蒸腾郁结，怎么也没办法散去。已经很久没有打过雷下过雨，难道是雷公违背了上苍的号令吗？即便偶有小雨落下，也早被暑热蒸发，落到地上连地皮都无法濡湿，更别说灌溉庄稼了。天上的飞鸟都被热死了，池中水早已干涸，鱼儿艰难地在淤泥里挣扎。举目所见，皆是一片荒凉，人间万民都在流离受苦。旱灾饥荒加上战乱，真是让人忧虑得连饭也吃不下。面对如此现实，杜甫不由得怀念起贞观初年的太平盛世，想道：若是我也能生在那样的时代该多好。

《夏夜叹》诗云：

永日不可暮，炎蒸毒我肠。

安得万里风，飘飖吹我裳。

昊天出华月，茂林延疏光。

仲夏苦夜短，开轩纳微凉。

虚明见纤毫，羽虫亦飞扬。

物情无巨细，自适固其常。

念彼荷戈士，穷年守边疆。

何由一洗濯，执热互相望。

竟夕击刁斗，喧声连万方。

青紫虽被体，不如早还乡。

北城悲笳发，鹳鹤号且翔。

况复烦促倦，激烈思时康。

　　酷热的白昼长得像没有尽头，好容易到了夜晚，仍是热气逼人，仿佛要把人的内脏蒸透。此时多想有一场万里长风，吹动衣裳，带来片刻清凉。在月色下纳凉，明亮的月光让人连最细微的东西都能看清，飞虫在月光中飞来飞去。这些日常生活中的细微之美，多少让人感到了一丝自适和安慰。

　　但就在刚刚感觉到一丝适意后，杜甫立刻想到，自己尚能在这里安静地纳凉，还能享受一点小情趣，而那些在战场上打仗的士兵，他们常年守卫着边疆，如此热的天气恐怕也不能冲凉，只能流着热汗互相对望。他们要练兵，要喊军号，生活非常艰苦，虽然可能会因建立军功而加官晋爵，也不如平平安安早早回家去。北方传来悲凄的胡笳乐音，惊得鹳鹤一边大声鸣叫一边乱飞，这让杜甫感觉到烦躁又疲惫，更加强烈地思念起战乱之前那些康泰的日子。

　　七月里，杜甫做了一个惊人的决定：辞去官职。自小将做官视为家族事业与人生理想的杜甫，蹉跎辗转，走了那么远的路，受了那么多苦，终于得到了官职，却又为何如此匆忙辞去？

　　《新唐书·杜甫传》中说："关辅饥，辄弃官去。"杜甫真的是因为关中大旱饥馑而辞官的吗？是，但不全是。关中久旱不雨，土地干结，粮食极其稀缺，米价暴涨。唐太宗贞观年间，每斗米只要三四文钱，到了唐玄宗开元年间，每斗米上涨到二三十文，安史之乱爆发后，一斗米卖七千到一万文。邺城之围时，因为没有粮食，一只老鼠可以卖到四千文，一斗米的价钱高达七万文。

　　可以想象，那时以食为天的民众，要维持基本的生存有多艰难。按说杜甫在朝为官，情况可能要好很多，实际不然。

　　唐代官员的俸禄，包含三个部分：禄米、土地和俸料。禄米就是国家发给的粮食。据《新唐书·食货志》记载："禄米则岁再给之……八品六十七斛。"八品官的杜甫，每年可以领到将近七千升粮食。唐代分给官员的土地有永业田和职分田两种。永业田是指有功勋爵位的家庭，土地可以世代继承。职分田是做官时分给，不做官就收回。官员们将这些土地出租，每年还可以收取一部分粮食。俸料就是直接发钱，吃饭钱、杂用钱以及雇佣奴仆的钱。

单看这些，杜甫应该很富有，如果在贞观年间或是开元年间，那么杜甫的生活应该会比较宽裕，但如今是战乱，战争让经济受到重创，国家本来也没多少钱，再加上大旱，也没法发粮食，官员自己的土地也一样颗粒无收。

待在关中生存艰难，且又受战乱威胁，而调往别处任官，也不是那么容易的事。再想一想朝廷之中与自己较为亲近的人，死的死，贬的贬，已没有几人可以信任依靠。更重要的是，杜甫对当时的皇帝和主政官员，感到了深深的失望和不满。

肃宗并不像玄宗年轻时那样睿智有为，又任用李辅国、鱼朝恩等奸猾无才、只图私利之辈，朝政已经黑暗腐朽到让人不敢奢望，他曾经梦想的中兴，恐怕难以实现。那么，留在这个小小的职位上还有什么意思呢？

很早以前，他就有过归隐的想法。后来，这个念头也曾不止一次闪现在脑海里。然而终究是下不了决心。如今他经过激烈的思想斗争，最终选择了依从本心而活，不再将外在的一切看得很重。

《世说新语》中有一句话："我与我周旋久，宁作我。"每一个人的一生，都面临着无数次与自己的周旋斗争，如果最终能够选择做自己，是一件值得骄傲的事。杜甫在这年立秋之后，写了一首诗《立秋后题》：

日月不相饶，节序昨夜隔。

玄蝉无停号，秋燕已如客。

平生独往愿，惆怅年半百。

罢官亦由人，何事拘形役。

　　这首诗是杜甫的自我告白，也是面向世界的宣言。岁月不饶人，眼看又一个秋天来临，想想自己年近半百，却一事无成，就连家人的基本生存也不能保证，何必受困于这个小小的官位呢，辞不辞官，由我自己说了算！

第五章

颠沛流离，沧桑尽显

男儿生不成名身已老，

三年饥走荒山道。

度陇客秦州，心求东柯谷

杜甫从华州辞官，带着家人去了秦州（今甘肃天水）。

秦州在唐代属于陇右道，位于六盘山支脉陇山以西，距长安七百多里。陇山山势险峻，自古人们将过陇山视为艰险之途。杜甫此次携家眷从华州去往秦州，一路之上的感受，在日后写的《秦州杂诗二十首》中有所表露。"迟回度陇怯，浩荡及关愁"，可见路途艰险，他走得很慢，前路茫茫，难免畏怯，却又不得不前行，浩荡愁思、羁旅漂泊之感油然而生。

到达秦州后，他们一家寄居在城内僻静处一座简陋茅屋内。门前无车马，杂草自横行。秋雨绵绵时，雨滴从短檐上滴下，山间低云一直飘荡到庭院里，院里积满了水，潮湿的屋内常有蚯蚓爬行。

安定下来后，杜甫在秦州城内四处走动。有一天，杜甫在水边看见一座绿荫遮蔽的驿馆，不无羡慕地想，如果自己能住在那样的房子里，无异于隐逸乡野般舒心适意。不过，秦州是西域通向长安及中原的要塞，除了有使臣来往，还常常可见兵马调动。原本杜甫选择来到秦州，是因为这里相对偏僻，战乱暂未波及，如今看来，也并不是个安静的所在。

但既来之，则安之，暂时没有更好的去处，他安心住了下来，闲了就四处游览，看看不同于中原大地的陇地风物，凭吊古迹，这种新鲜的感觉多少给了他一些慰藉。

在这里，他朋友很少，与当地官员来往也不密切，难免孤独，加上此地高寒、秋风侵人，就病倒了。杜甫的一个族侄杜佐，就居住在秦州城南六十里的东柯谷，前来探病。

杜甫听说杜佐居住的东柯谷，常常云满山谷，茅屋掩映在竹林中，院边篱外就是飞泻的山涧。他不禁非常羡慕，也想住在那样的地方。他感激杜佐的探望，还夸杜佐说，自己早早就看出来了，在诸多子侄中，只有杜佐最为贤良。这件事，被杜甫记录在《示侄佐》一诗中：

多病秋风落，君来慰眼前。

自闻茅屋趣，只想竹林眠。

满谷山云起，侵篱涧水悬。

嗣宗诸子侄，早觉仲容贤。

　　杜佐回家后，杜甫写了《佐还山后寄三首》给杜佐。第一首诗中说，当天杜佐走后，他一直担心这位侄子会在山里迷路，为其安全忧心。看到太阳落山、鸟儿归巢，杜甫想象着此时的杜佐应该已经过了那道山涧回家了。在这首诗的最后，杜甫明确向杜佐表示：你叔叔我生性疏懒，还得指望你多多帮助。

　　没有了官职，断了收入来源，一大家人要生活，积蓄慢慢就不够用了，且在秦州城里生活，什么都需要钱买，因此杜甫的日子过得渐渐窘迫起来。眼看家里已没有米吃，杜甫在第二首诗中说：

白露黄粱熟，分张素有期。
已应春得细，颇觉寄来迟。
味岂同金菊？香宜配绿葵。
老人他日爱，正想滑流匙。

　　这其实是请杜佐送米给自己，但杜甫说得非常委婉：当时你说过要送米给我，现在白露已过还未见送来，大约是你特意想把米春得更加细致，所以迟了。新米的味道想必很好，再配上绿葵，那就更美味了。这样想着的时候，我好像感觉到香甜的米饭已经盛在了勺子里，送到了口边。

在城里居住，不能像乡间那样种菜，所以无菜可吃的时候，他又写了第三首诗向杜佐求助，希望送一些菜来："甚闻霜薤白，重惠意如何。"向侄儿伸手求助，杜甫一定也感到难为情，然而生存的现实让他顾不得许多，当时的情况，他只能这样做。杜甫的性格中有一种非常珍贵的坚韧力量，他看似常常写苦难和忧愁，那不过是借写诗浇胸中块垒。实际上，他对于苦难的承受力很强，也颇为乐观，只是表现得不够鲜明。

杜甫有一首诗，充分证明了面对现实生活困境的乐观和豁达，其间展现出来的心态，与宋代心理最为强大的文人苏轼有几分相似。这首诗就是《空囊》：

> 翠柏苦犹食，晨霞高可餐。
>
> 世人共卤莽，吾道属艰难。
>
> 不爨井晨冻，无衣床夜寒。
>
> 囊空恐羞涩，留得一钱看。

实在没有饭吃的时候，翠柏的果实虽然苦，但是还是可以吃的。若是连柏实也没有，那么可以看看天空，想象自己像仙人一样餐霞饮露，也就当作饱餐一顿了。靠意念来抵抗饥饿，苏轼也实行过，实在无食可餐时，就作了一篇《老饕赋》，用文字虚拟美食，在想象中填满肠胃，也是一种办法。而缺衣少食的杜甫穷到只剩下最后一文钱，自己舍不得花，把它留在囊中，免得空囊羞涩。如此幽默之语，就是豁达，就是乐观。

诗人写诗虽会有夸张，但杜甫当时的真实处境确是极为不易。世上那么多人，自己这么认真努力地生活，却过得如此艰难，这不能不让他感叹，感觉自己被世界遗弃了。在秦州时写的《佳人》，便流露了这种心绪：

绝代有佳人，幽居在空谷。

自云良家子，零落依草木。

关中昔丧乱，兄弟遭杀戮。

官高何足论？不得收骨肉。

世情恶衰歇，万事随转烛。

夫婿轻薄儿，新人美如玉。

合昏尚知时，鸳鸯不独宿。

但见新人笑，那闻旧人哭。

在山泉水清，出山泉水浊。

侍婢卖珠回，牵萝补茅屋。

摘花不插发，采柏动盈掬。

天寒翠袖薄，日暮倚修竹。

诗中的女子，是一位出身很好的绝代佳人，兄弟在战乱中死去，本为高官的娘家就此衰败，丈夫便抛弃了她，另觅新欢。世事人心，真如风中之烛般飘摇不定。这位佳人只好独居空谷，虽然穷得要靠卖首饰维持生活，她却依然保持着美好高洁的品性。

这位佳人，正是杜甫的自况。他也曾出身名门大户，如今却家道中落，不得皇帝信任，流落这偏远之地，正如佳人居于空谷。但外界环境再恶劣，也不能改变他心中坚守的心志。为了这种坚守，他在这时无比渴望隐居，在诗中对归隐林泉的先贤，比如嵇康、陶渊明、孟浩然等人，表达出深深的赞赏。他一心想要在杜佐所在的东柯谷寻一处合适的隐居之地，最终却没有实现。

露从今夜白，月是故乡明

杜甫一心想在秦州附近找一处合宜的隐居之地，除了东柯谷，他还曾属意仇池山和西枝村。

仇池山在秦州西南二百多里，山势险峻，山上多泉，其中有池名仇池，传说池中有神鱼。杜甫在《秦州杂诗二十首》中写仇池说：

> 万古仇池穴，潜通小有天。
>
> 神鱼今不见，福地语真传。
>
> 近接西南境，长怀十九泉。
>
> 何时一茅屋，送老白云边。

杜甫有终老仇池的想法，然而也只是想想，他并未真正去仇池探寻可居之地。

而西枝村，他却是认认真真前去考察了一番，陪他去的，是老友赞上人。

此前，房琯、严武、杜甫相继被贬之后，赞上人也被贬谪到了秦州，杜甫对此并不知情。两人如今在秦州偶然遇见，欣喜又感慨，杜甫特作《宿赞公房》一诗记录此事：

> 杖锡何来此？秋风已飒然。
>
> 雨荒深院菊，霜倒半池莲。
>
> 放逐宁违性，虚空不离禅。
>
> 相逢成夜宿，陇月向人圆。

没想到在这秋风飒然的陇地，竟能他乡遇故知。晚上，杜甫就住在赞上人的禅房里，两人在月下彻夜倾谈。得知杜甫想要寻找一处归隐之地，赞上人便找了一个时间，陪同杜甫前去西枝村探看。

两人在山间小路上穿行，路很远，一路跋山涉水，走得很辛苦，但两人都非常愉快。每当遇到老藤或古树，他们总要停下来歇一歇，然后恋恋不舍地离开。好容易到了西枝村，找寻良久，却没有合宜的地方。两人只好返回，此时已是日暮时分，落日余晖照着草上的露珠，晶莹透亮。

天气寒冷，鸟儿早已归巢，月亮出来了，照着寂静的山野。两人回到赞上人的住处，月光把松树的影子投射在门前，别有一番趣味。这一整天，两人只顾赶路，已是疲倦至极，但他们仍然舍不得休息，便燃火煮茶，尽兴聊天。那样的时刻太美。杜甫一再感叹赞上人的人品与修为，为自己拥有这样的朋友感到荣幸，更为在此不期然的相遇感到高兴和欣慰。

在这之后，他又写了一首《寄赞上人》，说上次赞上人陪自己去西枝村寻隐居之地，虽然没有成功，但他并不死心，最近又听说西枝村附近有个西谷，那里林木茂密、阳光和暖，收成也不错，等牙痛的老毛病好一些，等雨停路干，自己还想和赞上人一起去西谷。如果能在那里安身，一定请赞上人常去喝茶，那里距赞上人的住处不远，两人可以经常来往，那该是多么风雅美好的事！

在秦州期间，杜甫远离朝堂，已不是朝廷官员，但仍关心着国家，牵念着时局。

彼时，朝廷也开始在秦州征兵，大批士兵离开家乡，向东去往长安、洛阳方向抗击叛军，而他们一去，也许就再也回不来了。听见笛声，听见胡笳的声音，杜甫就感到忧伤。安史之乱后，边塞的精锐部队都被调去参加平叛，吐蕃趁机作乱，其势力已经逼近洮州、岷州一带。

在秦州，杜甫常能看到边地报警的烽火、飞驰传送的紧急羽书以及去往吐蕃的使者，夜晚还能听到边地传来的鼓声，他不禁又为大唐边境的安危担忧。这种担忧在两年后成为现实——吐蕃入侵大唐，攻占了大量州县，并且攻陷了长安。幸而后来郭子仪又收复了长安。

对于当初肃宗向回纥借兵一事，杜甫早就表示过可能存在隐患。果不其然，在帮助大唐收复长安和洛阳后，回纥大肆掠夺，出入毫无顾忌。为向回纥借兵，肃宗还曾将宁国公主嫁给回纥毗伽阙可汗，不到一年，毗伽阙可汗病死，回纥人按习俗要宁国公主殉葬，宁国公主拼死反抗，最终被毁了面容，才得以回到大唐。宁国公主回国路过秦州，杜甫对公主的遭遇表示深切同情，盛世不再的大唐，如今却要让一个弱女子为国家做出如此巨大的牺牲，真让人备感痛心。

在秦州期间，虽然生活不如意、精神上也经常苦闷，但因为无官赋闲，所以有大把的时间来写诗。在秦州停留不过三个月，杜甫却写了八十七首诗，平均下来，几乎每天一首。这些诗中，有主题不那么明确的杂诗，有感时忧世之诗，有状写秦州的自然风物、人文史迹之诗，有记录自己生活和思想感情之诗，有托物咏怀之诗，也有怀念亲人朋友之诗。

他想念弟弟，写下《月夜忆舍弟》：

戍鼓断人行，边秋一雁声。

露从今夜白，月是故乡明。

有弟皆分散，无家问死生。

寄书长不达，况乃未休兵。

"露从今夜白，月是故乡明"一联，成为千古名句。世人只知这两句诗极美，却不知这美丽的白露、明月背后，藏着杜甫深深的思念和无奈。边地的鼓声和秋夜的雁鸣，引人怀人思乡。秋露白，秋月明，以往故乡的秋景亦是如此之美。弟弟们分散在各地，音信不通，死生未知，一切皆因战乱未停。何时才能亲人团聚、天下太平？

他想念老朋友，一一写诗表达对老朋友的思念，郑虔、严武、高适、岑参、贾至……还有李白。虽然他与李白已多年未见，相处也只有那么一段时间，但李白在他心目中却是如此重要。

永王之乱被平定后，李白因加入永王幕府，被流放夜郎，行至白帝城后被赦。杜甫在秦州，很久没有李白的消息，并不知其已被赦，他为此揪心不已，频频梦见李白，于是写下《梦李白二首》。

其一云：

死别已吞声，生别常恻恻。

江南瘴疠地，逐客无消息。

故人入我梦，明我长相忆。

君今在罗网，何以有羽翼？

恐非平生魂，路远不可测。

魂来枫林青，魂返关塞黑。

落月满屋梁，犹疑照颜色。

水深波浪阔，无使蛟龙得。

一直以来，杜甫都在心中挂念着李白。在梦中见到李白，他心中一惊，李白应是在流放之地，怎会到秦州？难道是李白已死，魂魄来游了？即便如此，能与故友魂魄相见，也是幸事。在梦的最后，两人分别时，他还担心李白的魂魄回去时归路艰险、水深浪阔，一再嘱咐要小心行路，不要落入水中被蛟龙所食。

写这首诗时，杜甫以为李白还在被流放，他不但不怕惹祸上身，还鲜明地表达如此深切的思念，且在梦见李白的魂魄后不但不怕，还以为幸，还在担心魂魄返回时的安全，可见他是一个极重感情之人。因为友情，所以他不曾考虑自己是否会受到牵连而获罪。

其二云：

浮云终日行，游子久不至。

三夜频梦君，情亲见君意。

告归常局促，苦道来不易。

江湖多风波，舟楫恐失坠。

出门搔白首，若负平生志。

冠盖满京华，斯人独憔悴。

孰云网恢恢，将老身反累。

千秋万岁名，寂寞身后事。

杜甫梦见李白，不是一夜，而是接连三夜。这是杜甫对李白的深情，但他在诗中偏说这是李白对自己的深情。在杜甫的梦中，李白走时总是局促不安，总是诉说来时路上的不易，说是江湖风波不定，行船随时都有落水之险。梦中，看李白挠着白发苍苍的头出门离去，往日的壮志豪情已荡然无存，杜甫不禁感慨，京城里冠盖如云，而如此有才华有抱负的你，却如此失意憔悴。天道不公，你老了反而受到如此牵累。你的名声必定会传至千秋万代，只是你的死却如此寂寞，让人痛惜。

这两首诗，杜甫将思念李白之情，写得似梦似醒、亦真亦幻、荡气回肠，感情深挚已极，且手法独绝、金句频出，可谓神来之笔。此外，杜甫在秦州还写了两首怀念李白的诗，其中《天末怀李白》一诗中，有"文章憎命达，魑魅喜人过"，是流传千古的名句，包含着一种广泛而又固定的论见：不幸的命运反而成就好的诗文。这是杜甫论李白，而他自己又何尝不是如此？

在《寄李十二白二十韵》的长诗中，杜甫这样写当年初入长安、高光时刻的李白："昔年有狂客，号尔谪仙人。笔落惊风雨，诗成泣鬼神。声名从此大，汩没一朝伸。文彩承殊渥，流传必绝伦。"终其一生，杜甫都视李白为最重要的精神知己。或许心底里，他也希望能像李白那样洒脱和自我，不必总是顾念国家和人民，不必处处想到别人，不必为全世界的苦难背负精神的重担。然而他终究只能做自己，真实的生活需要面对，眼下的困境需要解决。

最终，杜甫没能在秦州附近找到可居之地。他便打算离开秦州，另觅他处。

终究还是同谷一过客

人容易以己度人，善良的人总以为所遇皆良善。在苏东坡眼中，天下无一不是好人，杜甫也是如此。

秦州无法安家，须得另觅佳处。秦州西南二百六十五里，成州（今属甘肃）辖内有同谷县（今甘肃成县）。同谷有位县令，与杜甫素未谋面，却有书信往来。那人在信中热情相邀，说同谷风景优美、物产丰饶，是宜居之地，请杜甫将家搬去。

杜甫立时动了心，他也听说同谷不远有一个地方叫栗亭，有如世外桃源。决心已定，乾元二年十月的一个夜晚，他带着一家人，走上了去往同谷的路。出发时，他写了一首诗《发秦州》，结尾处写道："日色隐孤戍，乌啼满城头。中宵驱车去，饮马寒塘流。磊落星月高，苍茫云雾浮。大哉乾坤内，吾道长悠悠。"

马蹄声踏破浓重的夜色，星月照着赶路人，云雾苍茫，露繁霜重，秋夜的寒凉阵阵袭来，这凉意透过肌肤直入心底。天地之大，哪里是容身之所？长路漫漫，何处是奔波的终点？一切暂无解，只能且行且观望。

大约行了七里地，就到了赤谷。杜甫之前曾到此地游览，知道赤谷之名是因为此处山谷两侧的岩石皆呈赤红色。从赤谷的驿亭继续出发时，已是清晨时分。此后的路，越来越艰险。路上常有滚落的乱石阻挡，车辆磨损严重，需要时不时给车轴涂抹油脂来润滑才能继续行驶。

山峦一重又一重，似乎永远也走不完。眼看已是日暮时分，孩子们直喊肚子饿，可是前面根本连村落的影子也望不见，一丝飘荡的炊烟也寻不见。冷风中，杜甫不由伤感起来。自己贫病交加，流离异乡，如果死在这颠沛的路途，尸骨也难回故乡，岂不惹人耻笑！

又南行八十里，至铁堂峡。此峡呈南北走向，两端狭窄，中间宽大如厅堂，山石皆为铁黑色，故有此名。此处亦是险境，从峡中望去，前面高耸的山顶伏着白色积雪，似乎亘古未化。山上有一望无边的青翠竹林，山径蜿蜒，几乎要延伸到天上。走在谷底，杜甫的心情也沉到了谷底：生逢乱世，一家人如飘蓬转徙已有三年，远方战乱未息，何时才能终止浪迹，拥有安定的生活？谷内的山涧已结了厚厚的冰层，马蹄踏过冰层，杜甫突然心疼起来，真怕那刺骨的寒冷会透过冰层将马骨冻折。然而，人不能停，马也不能停，路还要继续赶。

西南六十里，到一地，名叫盐井。官方在此建有盐井，杜甫看到，那些辛苦的盐民们从盐井中汲取卤水煮盐，青烟弥漫中，盐井附近的草木也因为卤水的影响而变得枯白。彼时，盐是生活必需品，也是获取利益的好物，官方与盐贩子互相争利，苦的只是这些日夜辛劳的盐民，血汗尽洒，却维生艰难。此时的杜甫，忘了自己也身处艰难。他常常是这样，很容易就看到了别人的苦难，似乎他的眼睛和心灵，对于苦难特别敏感。

从盐井向西南行四十余里，又是一个峡谷，叫作寒峡，有十二里之长。走在寒峡内，杜甫才知道真是地如其名。天气阴冷，他和家人衣着单薄，谷内冷得让人怀疑很难活着走出去。附近人烟稀少，一行人只能在野外水边凑合着做点东西聊以充饥。那滋味真是苦，但杜甫不会让自己一味沉浸在负面情绪里，他很会自我开解，想想自己这辈子已经免去了服兵役的苦，这一点儿苦算不了什么。

下一站，他们在法镜寺停了下来。寺内有摩崖石佛像，寺周景色明丽，绿苔鲜润，清泉迂曲，青松上还残留着晶亮的雨露，这些与法镜寺红色的屋顶相互照应，成了一幅绝美的画。杜甫拄杖在此流连不舍，直到中午时分才离开。

青阳峡地势更加险恶，岩石突兀，峡壁陡峭如刀削，头顶上只能看到一线天空。山上不时还有巨石滚落，哪怕是神仙的车驾也有被砸中的可能。此山比之前他看过的很多山都更加高峻险拔，虽然路途艰苦，但看看这山，真有些超乎天外的气势，也是另一种识见了。

好容易过了青阳峡，到达龙门镇时已是日落时分。暮色中，杜甫看到军旗在风中招展，可知此处有重兵把守。夜里，他隐隐听到士兵的饮泣，不由得又心疼起他们来，不禁愤然想道：朝廷在这个远离叛乱战场的地方驻扎重兵，令这些兵士受苦，又有何意义呢？他这个人，总是见不得别人受苦。

此后经过的石龛，道路更加艰险，时有野兽出没。在这里，杜甫遇到了一位采竹人。此处的细竹很适宜做弓箭，连年战乱需要大量弓箭，采竹人为了完成官府的任务，不得不到这样艰险的地方来寻觅细竹。杜甫不由又感叹战乱之苦波及之广。

到了积草岭，离同谷仅有百里之遥了。连日跋涉，早已疲惫不堪的杜甫，想起那位邀他前去的“佳主人”在信中的美妙描述，想到不久就会到达梦土，浑身充满了力量。漂泊太久，真想有个地方安定下来，哪怕吃野菜、住茅屋也好。

积草岭的下一站，是泥功山，也是地如其名，此处道路泥泞异常，只能在泥上铺木板才能通过。山上的猿猴和野鹿掉到泥沼中也难以挣脱而失掉性命，更何况人呢。平日里手脚轻快的小孩子，到了泥路上蹒跚如老翁，白马已经被泥污溅抹成了青黑色。

终于过了泥功山，来到凤凰台。望着高峻难攀的凤凰台，杜甫想起周文王时凤鸣岐山的传说，家国之思油然而起。他想象在那无人能见的高台上，有一只无母的凤雏，正嗷嗷待哺。有凤凰出现，是盛世的祥瑞之兆。杜甫对着凤雏发出泣血呐喊："我能剖心出，饮啄慰孤愁。心以当竹实，炯然无外求。血以当醴泉，岂徒比清流。所重王者瑞，敢辞微命休。坐看彩翮长，举意八极周。自天衔瑞图，飞下十二楼。图以奉至尊，凤以垂鸿猷。再光中兴业，一洗苍生忧。深衷正为此，群盗何淹留。"（《凤凰台》）诗人说，愿意献出自己的全部心血来哺育凤雏，只要它能够由雏鸟成长为真正的凤凰，能够为大唐带来祥瑞中兴，能让百姓免遭愁苦，自己哪怕献出生命，也在所不惜！

从秦州到凤凰台，这一路，虽然旅途艰险到极点，但杜甫仍不忘写诗，他将从秦州出发到抵达凤凰台以来，自己的所见所闻所感所思，写进了十二首纪行诗里，这就是《发秦州》《赤谷》《铁堂峡》《盐井》《寒峡》《法镜寺》《青阳峡》《龙门镇》《石龛》《积草岭》《泥功山》《凤凰台》。

这些诗如同文字版的纪录片，将千百年前的陇右山水实景摄取，同时又将自己的思致自然融入。他只是如实记录，却让后人借助文字穿越到现场，跟着他一路行来，时时窥见他内心的苦楚与灵魂的闪光。

从凤凰台向前行，就到了同谷。杜甫万没想到，他想象中的梦土，却是无以复加的绝境。

诗人一家终于在同谷凤凰村安顿下来，却没有东西吃。日暮天寒的山谷里，杜甫穿着单薄的短衣，披散着一头蓬乱的白发，手脚冻得皲裂僵硬，像猴子一样满山捡拾橡栗用以充饥。内心的哀感无以言说，天风浩荡，似乎也在替其悲吟。

仅靠橡栗，显然难以填饱全家人的肚腹。有一种叫黄独的草药，块根可以食用，杜甫便上山去挖。然而大雪覆山，虽竭尽全力，杜甫却连黄独苗也找不到。在呼啸的冷风中，他空手回到家，听到孩子们因饥饿寒冷而发出的阵阵呻吟，因为家徒四壁，空旷的空间使得呻吟声越发清晰响亮。这声音深深地刺痛着杜甫。还说什么"致君尧舜上"，如今连家人的生活都难以撑持！

人在极度艰难的时刻，会自然而然想起亲人。父母早已离世，亲人只有四个弟弟和一个妹妹。四弟杜占跟着他辗转流离，其他三个弟弟都在战乱中失散了，他无法陪在他们身旁，若是自己真死在这异乡，弟弟们也无法来替兄长收拾尸骨。妹妹远嫁钟离，妹夫过早离世，留下孤儿寡母，也是度日艰难。眼下，山高水远，战乱频仍，与弟、妹天各一方，此生恐难再见，深悲之人，听到猿啼，也觉得是在替自己发出悲声。

故乡不能回，亲人不可见，终究还是要面对周遭的现实。那是怎样的世界呢？荒山穷谷，风多水急，寒雨飒飒，树木枯索，云翳蔽日，狐兽环伺……身外之境已是凉意侵骨，然而内心的悲凉比起身外之境，更甚百倍、千倍。半夜里，他会倏然惊起，呆坐叹息，不知怎的，就流落到了这步田地。真正的人生如梦，就连魂归故里也似乎成了难以奢望的梦。

同谷的生活极为清苦，好在有幽景可赏，凤凰村附近的飞龙峡万丈潭便是其一。杜甫在长诗《万丈潭》中，细致描绘了这一处奇景：传说万丈潭底卧有神龙，因而一见之下便有一种神秘的气息扑面而来。潭边石壁直峭如削，潭水深不见底，泛着幽幽的黑色，只在某些清浅处，波光荡漾，映出天光云影。一片孤云在天，更显此境幽独。杜甫觉得，这是他平生以来极快意的一次游历，以至离去时仍依依不舍。想到潜卧潭底的龙，他便生出了一个愿望：若是暑热之天来此，能够见到飞龙出峡，那该多好！

之后，杜甫又来到飞龙峡，古木森森，木叶黄落，传说中的神龙，或许正在峡中蛰伏。突然，他看到一条蛇在水中浮游，想要拔剑斩杀却又放弃了。冬眠的蛇出现，预示着冬将尽、春将来，"溪壑为我回春姿"，他在依旧清寒的山水间，感受到了春的气息。正处于生命严冬中的杜甫，并未在悲苦中沉沦，他对未来怀抱着希望，他相信冬天过后，春天一定会来。

杜甫在同谷遇到了旧相识李衔。谈起过往，两人唏嘘不已，人世沧桑更是让杜甫伤怀。回想自己在荒山僻地忍饥挨饿，奔走流离，功名未成身已老，再想想长安城中那些人，年纪轻轻就当了官，看来富贵功名要及早经营，现在再说什么已是无用了：

男儿生不成名身已老，三年饥走荒山道。

长安卿相多少年，富贵应须致身早。

山中儒生旧相识，但话宿昔伤怀抱。

呜呼七歌兮悄终曲，仰视皇天白日速。

同谷的生活，是杜甫的至暗时刻。在那样极为悲苦的境况下，他仍没有忘记写诗。也许可以这么理解，他之所以没有在巨大的苦难中倒下，就是因为他还能够写诗。他将所有的孤绝愤懑、忧思悲苦，都写进了后世传诵的组诗名篇《乾元中寓居同谷县作歌七首》中，后人将这些诗称为《同谷七歌》。

历代评论家对《同谷七歌》评价颇高，胡应麟说其"奇崛雄深"，申涵光说其"顿挫淋漓，有一唱三叹之致"。当代古典诗词大家叶嘉莹先生说在《同谷七歌》及《饮中八仙》等诗篇中，可见杜甫"对各种诗体运用变化之神奇工妙"。

《同谷七歌》诗以平实的语言，表达了至性至情，影响极为深远。这些诗充分证明了杜甫是唐代唯一一位集大成的诗人。他很感性，能够注意到常人忽略的细节具象；他又很理性，能够洞彻万事万物背后的深意。因而他的诗，真实感人又有深刻的洞见。《同谷七歌》写的是生活，却又超越了生活。《同谷七歌》的语言不事雕琢，却又有一种不着痕迹的讲究。读《同谷七歌》，如饮中草药熬煮的浓汤，苦涩味深重，但饮过之后，身心舒泰，唇齿间药香袅袅，余味悠长。

杜甫在同谷所受的苦难，后人形容为"空前绝后""惨绝人寰"。他的精神世界中，始终充斥着一股宽博稳定的力量，他像一只锈绿的洪钟，收容八方野风，收容一切苦难。他用诗意消解苦难，他那些承载着沉甸甸苦难的诗句，在当时治愈了自己，在后世治愈了无数读诗的人。在苦难中，他的灵魂如浴火的凤凰，实现了涅槃和新生。如此，以后就没有什么可怕的了。于乱世之中，他用生命写着诗，用生命践行着诗，以巨大的精神吐纳之法，自我坚守，自我完成。

在同谷，杜甫和家人只生活了不到一个月，就因生计艰难不得不离开。在那样的绝境里，他的诗歌灵感却如繁花般绽放不绝。诗是他留给同谷和那段岁月的纪念。

奇怪的是，从秦州出发到同谷，杜甫写了很多诗，却只在《积草岭》一诗中，写到了那位邀请他前来的"佳主人"，此后只字未提。以杜甫的仁厚性情，若是接受别人帮助，必会在诗里记录。这不禁让人猜想，或许那位"佳主人"当时在信中只是客套，没想到杜甫当真来了，只能选择避而不见，坐视不管，不然，若有他的帮助，杜甫的日子也不至于如此艰难。

又一个安居的梦破碎了。离开同谷，杜甫又踏上了漫漫长路。他在茫茫天地间，努力为自己寻找着一个容身之处。

第六章

蜀州草堂暂得安宁

安得广厦千万间，
大庇天下寒士俱欢颜，
风雨不动安如山。

浣花溪岸人初定

乾元二年岁末，离开同谷的杜甫带着家人来到了成都。于杜甫来说，成都无疑是颇为理想的栖居之地——离同谷并不太远，富庶、安定，战火暂未波及，且有故人可以依靠——好友裴冕时任成都尹，故交高适时任彭州刺史，彭州离成都不算太远。此外，亦有诸多亲朋好友在成都或者成都附近。

从同谷到成都，如同从秦州到同谷一样，也是属于杜甫的艰险诗途。从北向南，蜀道之难经杜甫一番诗心升华，成了十二首纪行诗：《发同谷县》《木皮岭》《白沙渡》《水会渡》《飞仙阁》《五盘》《龙门阁》《石柜阁》《桔柏渡》《剑门》《鹿头山》《成都府》。

这些诗从题材上看属于山水诗，但又不同于此前任何的山水诗，杜甫在诗中不只描绘了山水画卷，还记录了那个时代的历史和自己的心灵史，艺术性与思想性俱佳。这些诗也是杜甫在诗歌写作上的创新性突破与集大成的又一表现，后人称"杜陵诗卷是图经"。

初到成都，杜甫一家寓居在城西七里的古草堂寺。高适得知消息后，写诗问候，并给杜甫送来了粮食。杜甫写诗回赠高适，说自己寓居在古寺的空房中，故人与邻舍资助以米菜堪可度日。天长日久，借居古寺毕竟不是办法，因此在次年——上元元年（760）春天，在亲友们的帮助下，杜甫开始在成都城外浣花溪畔一处幽僻之地营建属于自己的草堂。

这件事，杜甫记录在了《卜居》一诗中：

> 浣花溪水水西头，主人为卜林塘幽。
>
> 已知出郭少尘事，更有澄江销客愁。
>
> 无数蜻蜓齐上下，一双鸂鶒对沉浮。
>
> 东行万里堪乘兴，须向山阴入小舟。

杜甫对这个地方很满意，此处在城郭之外，远离尘嚣，有享用不尽的隐逸野趣。

杜甫清贫，他的草堂虽非华屋大宇，只是茅舍，此番营建却也需众筹。众亲友之中，资助最多的是杜甫的姑表弟王十五，时任成都府司马。杜甫对于表弟的慷慨十分感激，写诗《王十五司马弟出郭相访遗营草堂赀》表达心意：

> 客里何迁次，江边正寂寥。
> 肯来寻一老，愁破是今朝。
> 忧我营茅栋，携钱过野桥。
> 他乡唯表弟，还往莫辞劳。

也只有杜甫，能将如此直白朴素的日常情感入诗，且写得如此自然天成，诗味浓郁。

房子盖好了，生活用品还得一件件添置。于诗人来说，生活可以不豪华，但一定要风雅。杜甫听说成都附近大邑县出产的瓷碗色白胜霜雪，轻而坚实，敲之有玉石音，便写《又于韦处乞大邑瓷碗》诗，向在那里任少府一职的朋友韦班索要：

> 大邑烧瓷轻且坚，扣如哀玉锦城传。
> 君家白碗胜霜雪，急送茅斋也可怜。

谁能拒绝这样用诗写成的、如此才华横溢又可爱的求助信呢？

屋内布置停当，屋外必得遍植花木，方是隐居美地。杜甫写《凭韦少府班觅松树子栽》诗，向韦班索要松树苗：

落落出群非榉柳，青青不朽岂杨梅。

欲存老盖千年意，为觅霜根数寸栽。

"落落出群""青青不朽"，赞美松树的词句无数，唯杜甫这八字独绝不俗。更妙的是，他用"数寸"的树苗，来与松树的"千年意"对举，别有一种光阴纵深之感。如此一来，松苗的赠送者韦班，想必也顿觉自己的赠苗之举有了更深长的意味。

仅有松也不够，杜甫还想在房前屋后栽桃。他写《萧八明府实处觅桃栽》诗，向萧实索要桃树苗：

奉乞桃栽一百根，春前为送浣花村。

河阳县里虽无数，濯锦江边未满园。

这里杜甫用了一个典故。当年西晋潘岳任河阳县令时，曾下令在全县遍植桃李。杜甫希望自己的草堂近旁也能桃李满园，希望在附近任县令的萧实，能于春天到来之前送自己一百棵桃树苗。

成都附近绵竹县盛产绵竹，杜甫写《从韦二明府续处觅绵竹》诗，向绵竹县令韦续索要绵竹：

> 华轩蔼蔼他年到，绵竹亭亭出县高。
>
> 江上舍前无此物，幸分苍翠拂波涛。

绵竹如此之美，可惜我的屋前没有，希望你能把绵竹那如波涛一般汹涌的翠色分一些给我。向别人索求，也可以写得如此之美，如此有格调。

屋宇边若是有一些高大的乔木，绿荫蔽日，那就更美了。杜甫听说绵谷县盛产桤树，桤树长得很快，小树苗三年便可长成大树，数年便可成林，他于是写《凭何十一少府邕觅桤木栽》诗，向绵谷县尉何邕索求桤树苗：

> 草堂堑西无树林，非子谁复见幽心。
>
> 饱闻桤木三年大，与致溪边十亩阴。

唯有"十亩阴"，可栖诗人幽心，而杜甫说能解自己之幽心者，只有何邕。被杜甫视为心意相通的知己，想必何邕非常乐意赠树苗与杜甫。

再想一想，草堂还缺一些果树，杜甫便前去石笋街果园坊向一位姓徐的友人讨要果树树苗，写《诣徐卿觅果栽》

诗云：

> 草堂少花今欲栽，不问绿李与黄梅。
>
> 石笋街中却归去，果园坊里为求来。

不论李树还是梅树，杜甫来者不拒。"草堂少花今欲栽"，从这一句诗来看，杜甫栽种果树，更多是为了观赏，在诗人眼里，果树和花一样，都是居室美的装点。

一般而言，向人讨要物品或是人情往来的事，很少入诗，因为诸如此类的俗事，极不易写出诗味。人们惯常的认知，是只有美而雅的事才能入诗，但杜甫的诗却不受此种认知的束缚。在他笔下，万事万物皆可入诗，诗从生活的真实中自然生长，不刻意求诗意而诗意天成，此是诗家化境。

暮春时节，杜甫的草堂大体落成，虽说还未尽善尽美，但漂泊许久，总算有一个家了。回想前一年，从华州到秦州、同谷，再到成都，奔波三千余里，不知何处是归宿，如今终于安定下来了。无法抑制内心的欣悦，他写下《堂成》一诗：

> 背郭堂成荫白茅，缘江路熟俯青郊。
>
> 桤林碍日吟风叶，笼竹和烟滴露梢。

暂止飞乌将数子，频来语燕定新巢。

旁人错比扬雄宅，懒惰无心作《解嘲》。

茅屋坐落在城郊的江边，刚栽的桤树嫩叶在风中吟唱，新植的竹林笼着翠烟、滴着清露。乌鸦带着小鸟飞来，燕子在此筑巢。人的身心也在这个家中得到妥帖安放。有人把杜甫的草堂比作扬雄闭门著书的宅院，杜甫说自己并不想像扬雄一样写《解嘲》之文，他允许自己懒惰，他想好好享受生活。

根据杜甫在诗中的描述，可以想象草堂的模样：浣花溪岸，一条小路蜿蜒伸展至一座小院，小院柴门低矮，院内花木葳蕤，花木的影子覆盖着一方池塘，池塘不远处有水井，随着辘轳摇动，清澈的井水从地底上升，滋养着一具平凡的肉体，一颗非凡的心魂……

闲情幽事且放怀

定居于浣花溪畔之后，杜甫尽情放怀于闲情幽事之中。那是自青年壮游之后，杜甫人生中最美好的一段时光。有草堂可供幽栖，有亲朋接济生活，无官一身轻，万事不挂心，只需用心感受活着的好。

在《春夜喜雨》中，他写：

> 好雨知时节，当春乃发生。
>
> 随风潜入夜，润物细无声。
>
> 野径云俱黑，江船火独明。
>
> 晓看红湿处，花重锦官城。

春日夜雨，再寻常不过，以此入诗，很难出彩。但杜甫此诗却独步古今，成为写雨名篇。

首联起句平易，雨随人愿而落，与诗题中的"喜"暗合。
"随风潜入夜，润物细无声"是自然天成、妙手偶得之句，
将春雨写得如此细致精微、出神入化，却全不见一点雕琢痕
迹，好似这诗就如天上的雨一般自然而然地就出现了。野径
与云，也就是天与地，俱黑，唯江上船中灯火独明。这是独
属于杜甫的夜雨氛围感。结句时间已推移到次日晨起，夜雨
已成过去，然而经雨之后的春花，色更红，因残留的雨滴而
湿而重，这是夜雨的悠长余韵。

在《田舍》中，他写：

　　　　田舍清江曲，柴门古道旁。

　　　　草深迷市井，地僻懒衣裳。

　　　　杨柳枝枝弱，枇杷对对香。

　　　　鸬鹚西日照，晒翅满渔梁。

清江绕田舍，古道傍柴门，草木深，地僻静，有出尘美
景，也有逍遥天地的自由。草堂落成不久即是初夏，杨柳葳
蕤，枇杷果已然成熟，就连夕照中晒翅的鸬鹚，也让杜甫感
受到无尽的趣味。

在《为农》中，他写：

锦里烟尘外，江村八九家。

圆荷浮小叶，细麦落轻花。

卜宅从兹老，为农去国赊。

远惭勾漏令，不得问丹砂。

没有市井烟尘笼罩的乡野，初夏风光如诗如画，初生的小荷圆叶浮在水面，小麦开始扬花。那时的杜甫想要抛开一切，做个在乡间耕作的农人，终老于此。能够过这样自在悠闲的日子，何必再去求道修仙呢。

在《江村》中，他写：

清江一曲抱村流，长夏江村事事幽。

自去自来梁上燕，相亲相近水中鸥。

老妻画纸为棋局，稚子敲针作钓钩。

但有故人供禄米，微躯此外更何求？

不觉间，长夏已至。草堂的长夏没有酷暑煎熬，而是无尽的、琐细的幸福。人如同堂上燕、水中鸥一般自得，天伦之乐也从未如此鲜明。闲时与老妻对弈，或陪孩子钓鱼，这让为人夫、为人父的杜甫，感到前所未有的满足。有亲朋好友给予一些钱米，此外心无所求。

平静安稳的日常，让诗人的心更易捕捉那些生活中易被忽略的细微之美，因而这一段时期杜甫的诗作中，呈现出了别具一格的风致与雅趣，《江畔独步寻花七绝句》即是代表。

其一：

江上被花恼不彻，无处告诉只颠狂。
走觅南邻爱酒伴，经旬出饮独空床。

被花恼至癫狂，实是花之至爱至痴者。

其二：

稠花乱蕊裹江滨，行步敧危实怕春。
诗酒尚堪驱使在，未须料理白头人。

怕春畏花，实是爱春迷花到了极致，且以诗酒风流对春饮，哪管发上霜雪深。

其三：

江深竹静两三家，多事红花映白花。
报答春光知有处，应须美酒送生涯。

说是花多事，不过是深情赞美的另一种方式。以美酒报答春光，可见杜甫那类于李白的洒脱豪放的另一面。

其四：

东望少城花满烟，百花高楼更可怜。
谁能载酒开金盏，唤取佳人舞绣筵。

烟花似锦，若有佳人、盛宴，则是锦上添花。杜甫少有的放怀之乐，让人欣慰又心疼。

其五：

黄师塔前江水东，春光懒困倚微风。
桃花一簇开无主，可爱深红爱浅红。

桃花如美人困倚微风，无论深红浅红都可爱，都堪怜。

其六：

黄四娘家花满蹊，千朵万朵压枝低。
留连戏蝶时时舞，自在娇莺恰恰啼。

这一首貌似俗，实则大雅，诗味很浓。"黄四娘家""千朵万朵"，用语朴白，仿佛生活实录。"花满蹊""压枝低"，画面感呼之欲出，读之令人如置身繁花深海之中。"时时舞""恰恰啼"，以叠词修饰动词，令读者似乎亲眼见蝶翩跹舞动之态，亲耳闻莺婉转动听之歌。

其七：

不是爱花即欲死，只恐花尽老相催。

繁枝容易纷纷落，嫩蕊商量细细开。

不是爱花如命，只是恐惧花落人老，再繁密的花也会纷纷落尽，所以诗人与初开的花朵轻声商量，一定要谨慎地开，细细地开，慢慢地开，好将这美好的辰光拉长一些，再拉长一些。

独自看花的杜甫，是一个深谙生活情趣的人。草堂的生活，让我们重新发现了杜甫。在忧国忧民的诗圣光环之外，他是一个如你我一样的凡人，热爱日常，享受独处，也喜欢与人交往，热衷外出游览。

居于草堂的杜甫，真正变成了普通民众的一员，与周围的平民邻居相处融洽。《北邻》中那位辞官退隐的县令，总是戴着最普通的白头巾，却是诗酒风流的雅人，不惜花钱买野竹栽种。《南邻》中那位朱山人，家境贫寒，人品却异常高洁。还有一位名叫斛斯融的洛阳人，也是如杜甫一样的落魄文人……杜甫与他们往来密切，常常一起喝酒出游。朋友们的相助和陪伴，消解了杜甫客居他乡、时运不济的愁绪。

不识字的农人，杜甫也能与他们打成一片。一个春日，杜甫出门散步，被一个老农拉到家里喝酒谈天："田翁逼社日，邀我尝春酒。"这场酒从晨光初起一直喝到了月上中天，其间杜甫几次起身告辞，都被老农强拉硬拽留了下来。老农略带几分粗野的热情，让漂泊异乡的杜甫，深深感受到了人世间最纯真、最深厚的善意。他珍惜这样的情意，也被这样质朴的感情慰藉。这件事，他记录在一首长长的叙事诗《遭田父泥饮美严中丞》之中。诗题中的"严中丞"，正是杜甫的老朋友严武。

从初居草堂开始，兴致好时，杜甫就出门到各处游览，蜀州、青城、新津等地都留下了他的足迹，当然，游得最多的，还是最近的成都。

刚到成都不久，杜甫便去拜谒了三国名相诸葛亮的武侯祠，写下了《蜀相》一诗：

丞相祠堂何处寻？锦官城外柏森森。

映阶碧草自春色，隔叶黄鹂空好音。

三顾频烦天下计，两朝开济老臣心。

出师未捷身先死，长使英雄泪满襟。

　　开篇"柏森森"三字，透出一种静穆之气，古柏森然，也可见岁月之漫长。阶边草自绿，叶中鸟空鸣，景物依旧，人却非昨，物是人非的深长慨叹，隐于"自""空"二字之中。诸葛亮一生为国为民、鞠躬尽瘁，奈何壮志未酬、功业未竟，遗憾而逝。

　　隔着五百多年的光阴，杜甫与诸葛亮的心产生了同频共振，壮志未酬、功业未竟的遗憾，他感同身受。"泪满襟"，那泪，是诸葛亮的泪，是杜甫的泪，也是那些壮志未酬的英雄之泪。

风雨不动安如山

正如同天有晴阴，人生也免不了时喜时忧。闲情幽事之外，杜甫的生活和心境不时也会面临烦恼和困扰。

草堂初成之时，南方的多雨天气里，新盖的茅草屋顶不够密实、不耐雨浸，水漏屋湿，加之四周云雾弥漫不散，门外溪水暴涨横流，不免让出身北方的杜甫有些担心和惊怕。"茅茨疏易湿，云雾密难开。竟日蛟龙喜，盘涡与岸回。"这是杜甫《梅雨》一诗中的句子。乡居生活有隐逸的野趣，也有种种不便，这就是真实的生活。

"厚禄故人书断绝，恒饥稚子色凄凉。欲填沟壑惟疏放，自笑狂夫老更狂。"《狂夫》中的这些诗句，就是在展现自己真实的生活。再好的故人，总有接济不上的时候，日子因而变得艰难起来，孩子饿得脸色蜡黄，能怎么办呢？唯有自我疏解，更加狂放。在那样的时代里，诗人不做官，就没有生活来源，只能仰仗他人帮助过活，是悲哀，也是无奈。

好在高适这位至交一直挂念着他。上元二年（761）正月初七，高适写下一诗《人日寄杜二拾遗》，起首两句说"人日题诗寄草堂，遥怜故人思故乡"。早在前一年的秋天，高适由彭州刺史转任蜀州刺史，蜀州治所距成都不过百里，两位好朋友距离更近了。杜甫曾经前去探望高适，并写诗说"天涯喜相见，披豁对吾真"，能够赤诚相待的知己，各自飘零天涯，不意在此相见，那种喜悦足以慰藉人世寒凉。

按理说，高适的处境比杜甫好得多，仍不免心怀百忧千虑，推己及人，他想到杜甫的内心一定更加煎熬，故而写诗慰问。高适的这首寄诗，杜甫一直保存着，多年后，杜甫流落潇湘，于正月间翻检旧物，见到此诗，不禁百感交集。

事实上，以杜甫与高适的交情而言，有什么需求可以直接开口。此前，高适还任彭州刺史时，杜甫生活窘迫，正好一位名叫崔五的侍御去彭州，杜甫便写下一首《因崔五侍御寄高彭州一绝》诗：

百年已过半，秋至转饥寒。

为问彭州牧，何时救急难？

如果不是铁杆朋友，杜甫就不会在诗里这样直白地求助。

当年杜甫疏救房琯的案子，时任大理寺卿的崔光远曾参与审理，因此两人也算旧识。梓州刺史段子璋谋反，时任成都尹的崔光远与高适合兵讨伐段子璋，崔光远部将花惊定斩杀段子璋。杜甫与崔光远、花惊定都有来往，写有一首《赠花卿》：

> 锦城丝管日纷纷，半入江风半入云。
> 此曲只应天上有，人间能得几回闻？

乐声本无形，杜甫却写得仿若有形，似可见音乐随江风飘荡，随流云行天，虚实相生，天上人间，难怪此诗会成为名篇。

只是杜甫赠诗的这位花卿——花惊定，在立功后恃勇放旷，纵容兵士掠财杀人，连累崔光远被治罪。有人说，杜甫的《赠花卿》一诗暗含讽刺和警醒之意，只因杜甫诗中所写的乐曲如同仙乐一般美妙，花惊定应是僭享了天子之乐，那时已显露出恃勇放旷的端倪。杜甫写此诗究竟有没有这个用意，只有他本人知道。我们只需知道，杜甫这支善写人间苦难的诗笔，曾经也写过那样美的音乐，就足够了。

浣花溪边有一棵高大的楠树，杜甫的草堂就建在楠树的近旁。杜甫在冠盖如青翠浓云的树下，开辟了一座园圃用来种药。闲暇时，杜甫喜欢坐在树下，听风吹动树叶的美妙声音。有时喝醉了酒，杜甫就躺在树下小睡片刻，直到酒醒。他将对这棵楠树的喜爱，写进了《高楠》一诗中：

> 楠树色冥冥，江边一盖青。
>
> 近根开药圃，接叶制茅亭。
>
> 落景阴犹合，微风韵可听。
>
> 寻常绝醉困，卧此片时醒。

谁知一场狂风暴雨将这棵楠树连根拔起，杜甫像怀念故友一样，写下一首《楠树为风雨所拔叹》诗。这首诗的结尾处，杜甫写道："虎倒龙颠委榛棘，泪痕血点垂胸臆。我有新诗何处吟，草堂自此无颜色。"在杜甫心目中，这棵楠树如龙似虎，是强有力的存在，然而却为风雨所摧倒于杂草荆棘之中，树若有灵，想必也会泣血垂泪。没有了这棵楠树的草堂，失了颜色，而诗人也失去了一个绝佳的吟诗所在。

风雨摧毁的，不只是那一棵楠树，还有杜甫的茅屋。

八月里，秋风怒号着疯狂席卷而来，杜甫茅屋上覆盖的茅草，被秋风吹得到处散落。有些茅草被风吹过了江面，洒落在江的对岸；有些茅草被风吹得很高，挂在了林梢；有些茅草被风吹到了池塘里。有一群调皮的小孩子看见散落的茅草，便一哄而上，抱着那些茅草跑进了竹林中，任杜甫怎么呼喊也无济于事。

好容易大风停刮，暗云低垂，天色渐渐昏黑，夜晚来到了。杜甫一家勉强睡下，小孩子睡觉不安分，胡乱蹬踢，竟将使用多年、冰冷似铁的旧被弄破了。再看床头，无一干处，外面的雨一直在下，未曾断绝。在离乱中漂泊，本来就睡眠不好，如今秋夜湿冷，更是令人觉得漫长难熬。

就在这座被秋风所破、漏着冷雨的茅屋里，身处苦难中的杜甫，又一次想到了别人的苦难，他想到了天下千千万万个和自己一样的寒士，突然产生了一种奇异的幻想：怎么才能拥有千千万万间高大坚固的房屋，为天下所有的寒士遮风蔽雨，让他们展露欢颜，在风雨侵袭时安然如山。如果能够实现这个愿望，哪怕让我在这样破旧的房屋里冻死，我也满足了！

这样的经历、这样的思绪，催生了一首伟大的诗：《茅屋为秋风所破歌》。诗云：

八月秋高风怒号，卷我屋上三重茅。

茅飞渡江洒江郊，高者挂罥长林梢，下者飘转沉塘坳。

南村群童欺我老无力，忍能对面为盗贼。

公然抱茅入竹去，唇焦口燥呼不得，归来倚杖自叹息。

俄顷风定云墨色，秋天漠漠向昏黑。

布衾多年冷似铁，娇儿恶卧踏里裂。

床头屋漏无干处，雨脚如麻未断绝。

自经丧乱少睡眠，长夜沾湿何由彻。

安得广厦千万间，大庇天下寒士俱欢颜，风雨不动安如山。

呜呼！何时眼前突兀见此屋，吾庐独破受冻死亦足。

　　以庸常眼光来看，这首诗毫无美感，全篇只是在直白地叙事抒情，展现的是千疮百孔的生活真相。然而，它却映射出了一颗高贵而又浪漫的诗魂。杜甫的高贵之处，就在于良心。杜甫的浪漫之处，沉入生活的底部和泥泞的深处，相比于李白飞扬飘逸的浪漫，杜甫的浪漫是厚重的、苦涩的。

　　"风雨不动安如山"，这是他的理想，他希望别人能够有这样的幸福。事实上，他一生大多数时间都在颠沛流离，但他一直拥有极度稳定的精神内核，他的内心一直是"风雨不动安如山"，无论外界如何，他始终对人世存着热望和悲悯，对诗歌怀着好奇与探索。这也是他能够成为诗圣的秘密之一。

蓬门今始为君开

在《客至》一诗中，杜甫曾写道：

> 舍南舍北皆春水，但见群鸥日日来。
>
> 花径不曾缘客扫，蓬门今始为君开。
>
> 盘飧市远无兼味，樽酒家贫只旧醅。
>
> 肯与邻翁相对饮，隔篱呼取尽余杯。

草堂春水环绕、鸥鸟翩飞，这样的美，就像是专为友人相聚而布置的绝佳背景。落满花瓣的小路因为你要来而打扫，一向紧闭的柴门因为你的到来第一次打开。可见杜甫殷勤待友的款款深情。客人到了，他却有愧意：此地远离市井，兼之家贫，无美食新酒，只有陈酿老酒聊表心意。如果客人愿意和邻居一起喝酒，那就隔着篱笆把他们叫来，大家一起快乐。

有时候，会有客人偶然来访。"有客过茅宇，呼儿正葛巾。自锄稀菜甲，小摘为情亲。"（《有客》）客人来了，赶忙叫孩子整理好头巾出来相见，然后在自家稀疏的菜园里摘一点小菜聊备饭食。摘菜招待，固然是由于客人来得匆忙，也是由于物资匮乏。

有一位名叫王抡的侍御曾答应过，要带着酒来草堂看望杜甫。杜甫久待不至，且自己又在病中不便出门，就写了《王十七侍御抡许携酒至草堂奉寄此诗便请邀高三十五使君同到》诗，请王抡邀刚到任的成都尹高适一同前来。

见到杜甫的诗，王抡果然带着高适一同来到草堂。故人相见，自然把盏言欢、开怀畅谈，其乐可想而知。王抡和高适的到来，令杜甫觉得温暖和开心，同时，杜甫又惭愧于自己没有美食招待他们。这一段愉快的经历，杜甫记录在《王竞携酒高亦同过共用寒字》一诗中：

卧病荒郊远，通行小径难。

故人能领客，携酒重相看。

自愧无鲑菜，空烦卸马鞍。

移樽劝山简，头白恐风寒。

高适的到来，让杜甫又忆起了他和高适、李白三人同游的时光。他突然想起，已经很久没有李白的消息了，于是写下《不见》一诗：

不见李生久，佯狂真可哀！

世人皆欲杀，吾意独怜才。

敏捷诗千首，飘零酒一杯。

匡山读书处，头白好归来。

想起李白，杜甫就觉得悲哀。纵然世人对李白多有非议，但杜甫却异常怜惜李白的才华。可叹那样一位天才诗人，命运却如此多舛。但愿这时的李白，能够在暮年回到早年间读书的大匡山，平静地度过余生。

杜甫的愿望并没有成为现实。当年李白遇赦后，一直在江夏、岳阳、浔阳、金陵等地游历。此时的杜甫并不知道，一年后，李白将会在当涂孤独离世。

在高适与王抡来到草堂后不久的十二月里，杜甫去了一趟蜀州。蜀州李司马在皂江上建了一座竹桥，便于民众过江行走，对于地方官来说，这是利民之举，同时也是政绩的体现，所以李司马邀请杜甫前去观看，杜甫自然免不了作诗，这对于李司马的造桥之举也是一种宣传和赞颂。

就在杜甫到蜀州观桥写诗的同时，严武调任成都尹，高适仍回蜀州任职。于杜甫而言，虽然高适离开了成都，但严武来了，这也是值得高兴的事。严武到任稍作安顿之后，即于第二年——宝应元年（762）年初开始与杜甫互通音信，两人密切往还于成都城内与郊野草堂之间。

严武来访草堂，杜甫非常高兴，陪严武四处游览，称赞他的才干，并且提醒严武留心边地战事，早立功勋。严武对杜甫也非常贴心，生活上的帮助自不必说，一有什么好东西，就会立刻想到与杜甫分享。有一次，严武派人给杜甫送来一种美味的酒，此酒为青城山一位道士用马乳和葡萄酿制而成，酒香醇浓。送酒的人还没走，杜甫就迫不及待打开品尝。又作《谢严中丞送青城山道士乳酒一瓶》致谢：

山瓶乳酒下青云，气味浓香幸见分。

鸣鞭走送怜渔父，洗盏开尝对马军。

严武钦慕杜甫的人品与才学，对杜甫多有关照，是杜甫一生中坚实的依靠，堪称诗圣"平生第一知己"。然而，人间聚散难料，再情谊深厚的知交，也难免面临离别。

宝应元年，玄宗、肃宗相继逝去，代宗继位，拥立代宗的李辅国恃功弄权，朝野一片混乱。后来，代宗除掉李辅国，诏令严武回京任京兆尹。杜甫为严武高兴，又万般不舍。在《奉送严公入朝十韵》一诗中，杜甫吐露了自己的心声。他说如今朝廷巨变，天下多难，国势危急，代宗召严武入朝，这对国家来说是好事，但也令人惆怅，因为蜀中因此而失去了一位好官。他对严武说起自己日后的打算，表示不会在蜀中久留，此生只要有一口气在，还会回到长安去。这是他的壮心未已，他也以此壮心勉励严武，希望对方既然身居高位，就一定要为国家尽职尽责："公若登台辅，临危莫爱身。"

严武一路向北去往长安，杜甫一路相送，直送到三百里外的绵州。这时已是七月，杜甫的从孙杜济正任绵州刺史，便设宴款待他们。严武在此段时间内写了一首《酬别杜二》诗，叮嘱杜甫一定要常写信给自己："只是书应寄，无忘酒共持。"并且鼓励杜甫不要放弃仕进的理想。严武深知自己离开后，杜甫会失去依靠，他也感到惆怅。

杜甫也不舍与严武分别，便又送至绵州以北三十里的奉济驿。送君千里，终有一别，这一次不得不说再见了，杜甫写下《奉济驿重送严公四韵》：

远送从此别，青山空复情。

几时杯重把，昨夜月同行。

列郡讴歌惜，三朝出入荣。

江村独归处，寂寞养残生。

    远送一程又一程，不得不就此别过，自此往后，山高水长，各自安好。青山会记取这深厚的友情，昨夜照过我们同行的月，会在以后离别的夜里送来慰藉。此一别，不知何时才能再见，纵有万般不舍，但我为你高兴，在三朝任职的荣耀，不是谁都能有。你且去奔赴前程，而我将独自回到草堂，在孤独寂寞中了此残生。

    然而，杜甫没有想到的是，寂寞而平静的草堂生活，也可能是一种奢望。

    严武刚走，成都少尹兼侍御史徐知道就起兵叛乱，并派兵阻断剑阁之路。直到九月，严武还被迫滞留在北川的巴山一带。因为这次兵乱，杜甫一时也无法回到成都草堂，便逗留在了绵州。

第七章

梓阆飘摇重归蜀

已忍伶俜十年事，
强移栖息一枝安。

流寓梓州，闻收复之喜

　　杜甫逗留绵州期间，住在涪江边的一座公馆里。公馆近旁有一棵海棕树。此树来自外国，出身不凡，却不为一般人所认识，杜甫有所感，作《海棕行》一诗：

　　　　左绵公馆清江濆，海棕一株高入云。
　　　　龙鳞犀甲相错落，苍棱白皮十抱文。
　　　　自是众木乱纷纷，海棕焉知身出群。
　　　　移栽北辰不可得，时有西域胡僧识。

　　这诗句让人想到杜甫，同样出身不凡，身负非凡之才，却不为人知，泯然于普罗大众。后世光耀千秋的诗人，那时却不过是人群中平凡的一个。

徘徊江边，常见渔人拉大网捕鱼，咫尺之间，网内、网外的鱼儿便拥有了不同的命运；瞬息之间，落网之鱼便永远失去了在波涛中自由生存的机会。杜甫不由萌动了悲悯之心，作《观打鱼歌》及《又观打鱼》诗。《又观打鱼》中写道："干戈格斗尚未已，凤凰麒麟安在哉。吾徒胡为纵此乐，暴殄天物圣所哀。"鱼的命运如此，而在这干戈未息的世间，人的命运又何尝不是如此呢？

绵州只能暂留，不可久居，杜甫得知旧友汉中王李瑀在梓州，便前去投靠。此时已是秋天，凉风萧瑟，客居梓州的杜甫眼见着兵乱未平，顾念成都草堂的家人，禁不住忧从中来，他一边寄家信探问，一边在心中犹豫着，不知该携家人出三峡东下，还是回到长安或是洛阳。这样的心情，他写在《悲秋》一诗中：

凉风动万里，群盗尚纵横。

家远传书日，秋来为客情。

愁窥高鸟过，老逐众人行。

始欲投三峡，何由见两京。

在那样煎熬的日子里，杜甫经常彻夜失眠，望着天上的残月，听着远远的江声，觉得自己活得很失败，到现在连最基本的生存都要仰仗友人帮助。不过令人高兴的是，他收到了老妻长达几页的信，想必她能够理解自己漂泊在外的苦衷。

这样的心情，他写在《客夜》一诗中：

> 客睡何曾著，秋天不肯明。
>
> 入帘残月影，高枕远江声。
>
> 计拙无衣食，途穷仗友生。
>
> 老妻书数纸，应悉未归情。

不久，杜甫将家人接到梓州安顿下来。

严武走后，高适暂时代任成都尹。杜甫在梓州得到徐知道已死的消息，写诗给高适，说希望不久的将来可以相见痛饮。或许他心底里，是想回到草堂请高适喝酒。然而草堂一时难回，时间却在不停流逝，转眼到了冬天，杜甫便前去射洪访陈子昂故宅。

射洪金华山有陈子昂当年读书的学堂遗迹，杜甫前去凭吊，写下《冬到金华山观因得故拾遗陈公学堂遗迹》一诗，诗中写道："陈公读书堂，石柱仄青苔。悲风为我起，激烈伤雄才。"陈子昂当年读书的学堂，石柱倾颓，青苔遍生，历史的尘烟淹没了一个人生命的过往，只留下一点点痕迹，哪怕再雄才大略的人，也难逃岁月之手，这不能不令人感到悲伤。

他又去参观了陈子昂的故居，同样是感慨万端，他说：

"盛事会一时，此堂岂千年。终古立忠义，感遇有遗篇。"陈子昂的《感遇》组诗，除了感怀身世、抒发心志之外，亦有讥刺时政之作。正是这样的现实主义精神，令杜甫对陈子昂怀着深厚的感情，他们是隔世知音，异代而同调。

射洪之行后，杜甫又前往不远处的通泉游览。在慧普寺，杜甫见到了初唐书画家薛稷手书的匾额和壁画。想这些书法和绘画诞生之日，大唐即将开启盛世前的黎明，而今却正在渐渐走向黄昏。什么是兴衰荣辱，什么又是岁岁年年？

就在杜甫流寓梓州期间，平叛的战局渐渐发生着变化。

宝应元年十月，唐代宗命雍王李适、朔方节度使仆固怀恩领兵十余万讨伐史朝义，收复了东都洛阳，之后接连大败叛军。十一月，仓皇溃逃的史朝义被围困于莫州。广德元年（763）正月，史朝义遭部将田承嗣背叛，后逃到范阳，其部下李怀仙不但不开城门接应，还劝史朝义归降。此时的史朝义，身边只剩下几百士兵。在广阳，史朝义想要入城，又遭拒绝。最终，当史朝义逃至温泉栅（今河北滦州榛子镇东北）时，李怀仙追兵赶到，史朝义被迫于林中自缢身亡。安史之乱的最后一股叛军势力消灭了，河南、河北诸多州郡全部为唐军所收复，持续八年之久的安史之乱宣告结束。

杜甫在梓州乍听到这个消息，居然涕泪纵横。老妻和孩子们的脸上，也一扫愁容。他胡乱地收拾着书卷，想要在这美好的春日里纵酒高歌，然后与漂泊异乡的人们结伴回到故乡去。回乡的遥远路途，在他脑海中只化为了四个地名：巴峡、巫峡、襄阳、洛阳。

在《闻官军收河南河北》一诗中，杜甫记录了那具有纪念意义的时刻：

> 剑外忽传收蓟北，初闻涕泪满衣裳。
> 却看妻子愁何在，漫卷诗书喜欲狂。
> 白日放歌须纵酒，青春作伴好还乡。
> 即从巴峡穿巫峡，便下襄阳向洛阳。

此诗被称为杜甫生平第一快意诗，诗句间漫溢的喜悦情感，浓度之高在杜诗中不多见。"涕泪满衣裳"，似可见诗人喜不自禁、涕泪横流的模样。"漫"的动作，正是狂喜之下手足无措、情不能抑的下意识选择。"白日放歌须纵酒，青春作伴好还乡"，字字句句明亮飞扬，仿若李白的快意手笔。最末两句中用"即""穿""便""向"等字，可见归乡心情已迫切到了何种程度。

然而，这种轻快的回归，终究只是头脑里美好的想象与愿望。事实上，杜甫连成都草堂也还不能回归。在那样的时代里，对于杜甫来说，安定下来择一地终老，居然是如此遥不可及的梦想。

盘桓阆州，祭吊房琯

写下《闻官军收河南河北》一诗的这个春天，杜甫似乎一下子放松了心情，以梓州为中心，频繁往来于阆州、绵州、涪城、汉州等地。

在杜甫去汉州之前，房琯曾在此任职。上元元年四月，房琯任礼部尚书不久被贬为晋州刺史，八月改任汉州刺史。广德元年四月，房琯拜特进、刑部尚书，等杜甫到汉州时，房琯已经启程前往长安去了。两位分别已久、近在咫尺的挚友终未能重逢。

在汉州，房琯开凿有西湖，又名房公湖。杜甫长久地徘徊在房公湖边，好似感受到了故友的气息，一连写了好几首关于房公湖的诗。他想象着，如果房琯还在这里，能和自己一起泛舟湖上该多好。他还想象着，如果能和房琯一起相伴回京，那更是做梦都不敢想的美事一桩！

有人把房琯养的一群鹅送给了杜甫，杜甫满怀欣喜地写下《得房公池鹅》一诗：

房相西池鹅一群，眠沙泛浦白于云。

凤凰池上应回首，为报笼随王右军。

他说房琯养的这群鹅，毛色比天上的云还要白，在沙滩上睡觉，在水中嬉游，真是令人喜爱。他想，或许离开此地前往京城的房琯还会挂念着这群鹅，但请放心，这群鹅有了新的主人，那就是会像王羲之一样爱鹅的自己。

有一次，杜甫泛舟房公湖，喝着汉州特产的鹅黄名酒，看着水中毛色与酒近似的黄色新鹅，写下一首《舟前小鹅儿》诗：

鹅儿黄似酒，对酒爱新鹅。

引颈嗔船逼，无行乱眼多。

翅开遭宿雨，力小困沧波。

客散层城暮，狐狸奈若何。

酒色鹅黄，恰似新鹅之色。这些小小的鹅儿在水中引颈高歌，到处乱游，看得人眼花，忽忽又逼近船来，惹得船家嗔怪。有的鹅儿使劲拍打着翅膀，溅起的水花就像下了一场宿雨；有的鹅儿因为太小力气弱，被困在波浪的旋涡中挣扎半天。不觉已是暮色四合，杜甫和同行的人要离开了，他心里还记挂着这群鹅，想必它们在水中是安全的，不至于被狐狸所伤害。

没有见到房琯本人，在他开凿的湖上泛泛舟，与他养的鹅亲近亲近，就好像友人还在身旁。这种感情，让人想起网上流传很广的一句话："如果你来访我，我不在，请和我门前的花坐一会儿。"那个人虽然不能和你同在一处，但你吹着他吹过的风，看着他凝眸过的湖水和养育过的鹅群，这算是另一种形式的重逢与相拥。

短暂的各地游览之后，杜甫仍返回梓州居住。在这里，成都草堂成了故乡一样的存在，杜甫心中常常思念着它。有一位朋友韦郎要回成都，他作《送韦郎司直归成都》诗相赠，诗的最后说"为问南溪竹，抽梢合过墙"，其后加注："余草堂在成都西郭。"显然，他在深情地思念着草堂，想象着自己当初栽下的竹子是不是又长大了一些，竹梢是否已高出了墙头。还有一位朋友窦九要回成都，杜甫的赠别诗《送窦九归成都》中有"我有浣花竹，题诗须一行"之句。

想念草堂的竹和花，就是想念草堂安定的生活。以上两首赠诗之中，杜甫对草堂的思念表达得比较含蓄。在《寄题江外草堂》一诗中，思念草堂、渴望安定的感情表达得直接而热烈，诗中有这样的句子："干戈未偃息，安得酣歌眠？蛟龙无定窟，黄鹄摩苍天。"安史之乱虽已平息，但天下并不太平，人只能像没有固定居所的蛟龙、盘旋苍天的飞鸟一般，继续流离飘荡。

这年八月四日，房琯在赴京途中病倒，逝于阆州一间僧舍中。谁能想到，上一次的擦肩而过竟成了永远的遗憾。当时身在梓州的杜甫，即奔赴阆州祭拜老友，写下一篇《祭故相国清河房公文》。这篇祭文，被公认为杜甫所有祭文中最为出色的作品。最深的感情，往往会用最平实朴素的文字来表达。杜甫写给房琯的祭文便是如此。

读这篇祭文，就好像房琯还活着，杜甫在对着他娓娓诉说。在追叙老友生平经历的同时，杜甫将自己的感情自然而然融入其中，哀痛之情溢于字里行间。当然，杜甫写文时，并不会刻意追求此种效果，只因他在写诗作文时总有独到之处，才华之外有至情至性的加持，才造就了此篇祭文的好。

祭吊过房琯之后，杜甫继续在阆州盘桓。

一天薄暮时分，杜甫出门散步，见江水长流、山云缭绕，秋花秋草一片衰败荒寒，又见倦鸟栖落于树林深处，由此想到自己流离在外，不得归乡，眼见着鬓发已白，人生的大好时光早已远去，便写下一首满溢悲苦的《薄暮》诗：

> 江水长流地，山云薄暮时。
>
> 寒花隐乱草，宿鸟探深枝。
>
> 故国见何日，高秋心苦悲。
>
> 人生不再好，鬓发自成丝。

十月里，消息传来，吐蕃进犯，朝廷再一次面临危机，代宗命雍王李适、郭子仪领兵抵抗，命西川节度使高适在蜀中从南边牵制吐蕃军队，可惜唐军在蜀中战场接连失利。杜甫作《为阆州王使君进论巴蜀安危表》，替阆州王刺史向代宗提出了几点建议。杜甫居江湖之远，仍忧国忧民，他关于战局与政事的诸多见解，也颇有参考价值。若是能够为官一方，想必定会利国利民，有所建树。只可惜，上天不给他这个机会。

后来，杜甫才得知吐蕃已于十月攻陷长安、代宗出逃的消息。他再一次为国事揪起了心。幸而这场吐蕃之乱持续时间很短，十二月郭子仪即收复长安，代宗返京。因路途遥远，这个大快人心的好消息一时还未能传到南方，杜甫并不知情。直到岁末年初之交，他才得知长安已经收复的消息。

重归草堂，清风为我起

广德二年（764）正月，朝廷将剑南东西川合为一道，任命黄门侍郎严武为节度使。这就意味着严武将重新回到蜀州任职。原本有心带领家人出三峡东下的杜甫，听到这个消息后，立即改变了原计划。

严武镇蜀，杜甫再次有了依靠，这自然令他高兴。然而他的欣喜，不全然是因为私人感情。当初他在替阆州王刺史给朝廷提的建议中，曾经说希望有德才兼备的能臣来安定巴蜀。此次朝廷派出严武，或许是他的建议起了作用，这一方面证明老友严武的确是济世之才，自己没有看错，另一方面，严武回归，巴蜀的美好未来也有了可能。

杜甫满怀信心和喜悦期待着严武回蜀，写下了《奉待严大夫》一诗：

殊方又喜故人来，重镇还须济世才。

常怪偏裨终日待，不知旌节隔年回。

欲辞巴徼啼莺合，远下荆门去鹢催。

身老时危思会面，一生襟抱向谁开。

　　他为故人归来喜悦，为巴蜀之地再次迎来严武这位好官喜悦。这些日子以来，他心底里常常盼着严武能够回来，不料严武真的隔年便回来了。他决定暂时不再东下而留在蜀州，他已经等不及要回成都草堂，等不及与严武这位知心至交见面倾谈了。

　　回成都草堂之前，杜甫去房琯墓前告别，作《别房太尉墓》一诗：

他乡复行役，驻马别孤坟。

近泪无干土，低空有断云。

对棋陪谢傅，把剑觅徐君。

惟见林花落，莺啼送客闻。

　　这首诗，就像是杜甫在亡友坟前的深情倾诉：我要回成都了，特意骑马来同你告别。自你去后，我的泪滴湿了身边的每一寸土，惊断了低空飘过的每一片浮云。以往我们共度过多么美好的时光，我还记得曾陪你下棋的情景。当年季札送徐君最爱的宝剑来，徐君已逝，季札便将剑挂在徐君坟前的树上。如今我来到你的坟前，只看见林花落了一地，只有莺啼声声送我离开。

　　早春时节，杜甫带着家人启程赶回成都草堂。时值春汛，江涨大水，杜甫途中作《渡江》一诗，说"春江不可渡，二月已风涛"，但途程中的风高涛急，挡不住一颗似箭归心。还未到草堂，杜甫就按捺不住激动的心情，写了五首七律寄给严武，这就是《将赴成都草堂途中有作，先寄严郑公五首》。等真的到了草堂，他心中感受颇觉复杂。

　　走了这么多艰难的路，终于到家了。推开门，野鼠受惊逃跑。打开书，掉下干瘪的蠹鱼。久无人住的屋子，荒凉如此。但是想到从此以后，可以在这样的屋子里，头戴小帽，无拘无束地喝酒，也还是让人欢喜的：

> 客里有所适，归来知路难。
>
> 开门野鼠走，散帙壁鱼干。
>
> 洗杓斟新酝，低头拭小盘。
>
> 凭谁给曲糵，细酌老江干。

《春归》则是另一种感受和心境：

> 苔径临江竹，茅檐覆地花。
>
> 别来频甲子，归到忽春华。
>
> 倚杖看孤石，倾壶就浅沙。
>
> 远鸥浮水静，轻燕受风斜。
>
> 世路虽多梗，吾生亦有涯。
>
> 此身醒复醉，乘兴即为家。

竹林中青苔覆满的小径，茅屋外满地开放的花朵，水边的沙石，水上的浮鸥，轻飞的燕子，构成了绝美的春景。然而这美却令人心生感慨。世路多艰，生而有涯，人生不过是一场场的醉与醒，不必执着于他乡还是故乡，能够尽兴而活的地方，便是家。

此前在梓州时，他常常记挂着草堂新栽的四棵小松树，现在他看到当初只有三尺高的小松，在自己离开草堂的这三年里，已长到了一人高。原来一直担心会被连根拔掉，没想到长得这么好。荒寂的草堂，因为这四棵松树有了生气。杜甫想，等这些松树长得冠盖如伞时，自己恐怕也就老了。转念又想，世事难料，人如浮萍，或许并不能与这些松树长久相伴，罢了，且不要去想那么久远的事，只享受当下松树给自己带来的慰藉就好。

他又去看以前栽的桃树，作《题桃树》一诗：

小径升堂旧不斜，五株桃树亦从遮。

高秋总馈贫人实，来岁还舒满眼花。

帘户每宜通乳燕，儿童莫信打慈鸦。

寡妻群盗非今日，天下车书已一家。

此时桃花已经开过，只有等待明年的桃花开了。小桃树已经长大，挡住了道路，树旁有行人绕路而踩出的歪歪斜斜的小径。岁月的流逝不知不觉，总是借助这些外在的事物才呈现出来，而树，无疑最能让人鲜明地感受时光的迅疾。

他到处看，细细想，将自己从离开草堂到重回草堂这些日子以来的经历和感受，写在了《草堂》一诗中。他花大量篇幅写当时兵乱阵势和国家形势，说自己这三年来四处奔走漂泊，时时有离蜀南下之心，但生逢乱世，走到哪里也是不易，最终还是不舍草堂，所以就回来了。"旧犬喜我归，低徊入衣裾。邻里喜我归，沽酒携胡芦。大官喜我来，遣骑问所须。城郭喜我来，宾客隘村墟。"养在草堂的狗，周围的邻居，当地的官员和民众，都在欢迎他的归来，为他的归来而欣喜。虽如此，他心中仍有不安。"天下尚未宁，健儿胜腐儒。飘飘风尘际，何地置老夫？"天下不宁，一个书生能做什么呢？只能像一只风筝一般在风中尘间飘荡，天地之大，何处是自己的归宿？

《草堂》一诗，是杜甫对自己离归草堂这一段经历的总结和反思，也是这一时期对生活高度凝练的艺术化呈现。他的诗总是在写最真实的生活和最真实的心情。叶嘉莹先生把李白比作天空中的白云，将杜甫比作大地上坚实难移的大山，她评价杜甫的诗是"大山在地，以真为美"。杜甫是把历史的真相、社会的真相、人生的真相、生活的真相、心灵的真相，用最真实质朴的文字写进诗里呈现给世人。这样的真，才是最美。

心情好的时候，面对着大好春光，他也写下很多流传很广、画面感十足的明丽小诗。如《绝句四首·其三》：

两个黄鹂鸣翠柳，一行白鹭上青天。

窗含西岭千秋雪，门泊东吴万里船。

《绝句二首·其一》：

迟日江山丽，春风花草香。

泥融飞燕子，沙暖睡鸳鸯。

《绝句二首·其二》：

> 江碧鸟逾白，山青花欲燃。
>
> 今春看又过，何日是归年？

诸如此类，不胜枚举。

重归草堂后，因为严武，杜甫开启了一段新的职业生涯。

公去雪山轻，惆怅离蜀州

　　杜甫重回草堂，严武重镇蜀州，两人之间的往来自不必细说。或许是杜甫替阆州王刺史给朝廷的上书，让严武对于他在政治方面的才能有了更加深入的了解和更加坚定的信心。就在杜甫回到草堂后不久，严武上书举荐杜甫为节度使署中参谋、检校工部员外郎。"杜工部"之称，即由此而来。

　　此前，杜甫在阆州所作的《奉寄别马巴州》一诗中，有"功曹非复汉萧何"之句，诗题下有注云："时甫除京兆功曹，在东川。"西汉名臣萧何年轻时曾任沛县功曹一职，杜甫认为自己虽也被授予功曹一职，却难以像萧何一样建立卓越功勋。不知是主观原因还是客观原因，杜甫没有去赴京兆功曹之任。如今被授检校工部员外郎，官阶为从六品上，比京兆功曹要高两级，且是在严武手下任职，所以杜甫自然接受了。

广德二年六月，严武举行阅兵和启用新旗的仪式，现场一片肃静，将士们身着清一色的新军服，排着整齐的队伍，新军旗被护送入场并挥扬起来，仪式正式开始。只见车驰旗飞，兵器寒光闪亮如流星，士兵们排兵布阵，演练军容，忽如风驰，忽如山倾，得心应手，似乎一切尽在掌握之中。杜甫在《扬旗》一诗中如此描写当时的盛况："庭空六马入，驺骑扬旗旌。回回偃飞盖，熠熠迸流星。来冲风飙急，去擘山岳倾。材归俯身尽，妙取略地平。虹霓就掌握，舒卷随人轻。"

此前，松、维、保三城沦陷，对巴蜀地区的安定造成了很大威胁，严武深知想要安定巴蜀，必须将吐蕃赶出西山，西山反击战的部署迫在眉睫，阅兵试旗就是这项宏大军事计划的一部分。

针对当时形势，身为幕府参谋的杜甫，作《东西两川说》向严武提出自己的建议。对于战争形势，他的确有非凡的洞察力。无论何时，他在向上级提建议时，总不忘为普通百姓考虑和发声，这是十分珍贵的品质。

七月，严武到西山前线军城视察，作《军城早秋》一诗：

昨夜秋风入汉关，朔云边雪满西山。

更催飞将追骄虏，莫遣沙场匹马还。

杜甫读到严武这首信心满满、豪情冲天的诗，对未来的西山之战也充满了信心，作和诗《奉和严郑公军城早秋》：

秋风袅袅动高旌，玉帐分弓射虏营。

已收滴博云间戍，欲夺蓬婆雪外城。

杜甫深信严武不久的将来一定会在战争中大获全胜，并且勉励他一定要奋勇杀敌，建立功勋。

事实证明，严武没有盲目自信。九月，严武在当狗城（今四川理县西南）与七万吐蕃军短兵相接，首战大获全胜；十月，严武率兵攻破盐川城（今甘肃漳县西北），在吐蕃败逃后又乘胜追击，直将敌军驱赶出数百里之地。如此一来，吐蕃军队士气大大受挫，巴蜀局势立刻变得稳定，严武因功被朝廷加封检校吏部尚书之衔。

杜甫自然为严武高兴，但他在幕府的工作却干得很不开心。

职场中的人际关系最为难处，古今皆然。同事之中难免有逢迎势利之人，耿直赤诚的杜甫与这样的环境格格不入，可以想见他的孤独和郁闷。

有一件事，可以充分说明杜甫当时在那种环境中，对自我的坚守和对污浊风气的抵制。太子张舍人想托杜甫办事，便送来一件颇为名贵的褥缎，杜甫不但没有收，还写了一首《太子张舍人遗织成褥段》诗来表明自己的立场和态度。诗中说，自古物用都有级别，如此名贵之物，像我这样的普通人消受不起，骄奢贪婪会招来祸患，我还是安守清贫，只有将这名贵之物退还，心灵才会得到平静。

诸如此类的举动多了，耿介清正的言行，必会得罪许多人。心里存着一片白月光的人，会为心底阴暗的人所不容，不只因为现实的利益，也因为清白会让恶浊更加鲜明，更加无地自容。

内心的愁苦无法纾解，杜甫只好一首接一首写诗，把自己在幕府中任职的不如意都倾吐在文字里。在《宿府》一诗中，他写道：

清秋幕府井梧寒，独宿江城蜡炬残。
永夜角声悲自语，中天月色好谁看？
风尘荏苒音书绝，关塞萧条行路难！
已忍伶俜十年事，强移栖息一枝安。

幕府清秋，梧寒蜡残，角声与月色都让人伤感。天下未平，故乡音书断绝，关塞萧条，难以北归，想想自安史之乱起，十年间经历了多少事，如今身在幕府，也不过是像鸟儿暂且择一枝而栖罢了。

繁杂的事务、复杂的人际关系，这一切都让杜甫感到厌倦。他在《倦夜》一诗中写道：

竹凉侵卧内，野月满庭隅。

重露成涓滴，稀星乍有无。

暗飞萤自照，水宿鸟相呼。

万事干戈里，空悲清夜徂。

绿竹生凉，月色满庭，清露滴落，稀星明灭，萤飞鸟啼。如果没有读到最后两句，可以认为这首诗描写的是绝美的秋夜清景。但是诗人在最后显露了情绪和作诗的目的：战争破坏了一切，万事成悲，然而人也只能空悲。人在现实面前，显得如此无力。

既是在官府任职，必是住在城中官舍。离开了草堂，他才无比怀念那里安静、简单的生活，忍不住回去了一次，作《到村》一诗，诗中除了描写草堂的美之外，还写道："老去参戎幕，归来散马蹄。""暂酬知己分，还入故林栖。"说自己一把年纪去军府入幕，这次是骑马回来散散心。乍看之下会觉得奇怪：入幕府与散心有何关系？细想之下就会理解，人若说散心，一定是心有不快。暂酬知己，还入故林，意思很明显：暂且留在幕府之中，是为了报答严武的知遇之恩，最终他还是要回归草堂隐居的。

这段时期，杜甫知道了老友苏源明和郑虔离世的消息，含悲作诗怀念。

不过也有令杜甫高兴的事。这年秋天，弟弟杜颖居然不顾战乱，一路跋山涉水从山东齐州来到成都草堂探望兄嫂。离乱之中的亲人重聚，是太过难忘的美好时光。但每个人都有自己的生活，短暂的停留之后，杜颖要回去了，杜甫满怀不舍作《送舍弟颖赴齐州三首》："此行何日到？送汝万行啼。""风尘暗不开，汝去几时来。"尽显手足情深。

倏忽又是一年，翻过年头，是永泰元年（765），杜甫终于下定决心辞去公职，恢复了自由身。谁知四月里，年仅四十岁的严武突然病逝。或许是巨大的打击让杜甫一时接受不了，他没有在当时写下悼念严武的诗。但在其后的日子里，他在诗中一再回忆与严武的情谊。寓居夔州期间，他为八位逝去故友所作的《八哀诗》中，用"公来雪山重，公去雪山轻"这两句诗来写严武。雪山的重与轻，是严武来去所带给自己与蜀州人民的喜与悲。将抽象的感情化作具象的质感与重量呈现出来，这是杜甫的才华过人之处，也是他重情重义的流露。

严武离世后，杜甫怀着哀伤与惆怅离开了蜀州，乘船东下荆楚之地，开始了人生最后岁月里的漂流。

第八章

百感茫茫在羁旅

飘飘何所似，
天地一沙鸥。

客居云安，伏枕养病

永泰元年春夏之交的五月，五十四岁的杜甫携家人离开成都草堂，乘船沿岷江顺流而下，经嘉州、戎州、渝州、忠州，抵达云安（今重庆云阳）时，已是秋天。云安并不是旅途的终点，之所以在此停留，是因为杜甫当时病得很重，急需安静调养。

就在这段旅途中，杜甫写下了那首著名的《旅夜书怀》：

> 细草微风岸，危樯独夜舟。
>
> 星垂平野阔，月涌大江流。
>
> 名岂文章著，官应老病休。
>
> 飘飘何所似，天地一沙鸥。

旅途中的夜晚，本就寂寞清苦，何况身在漂泊的孤舟之上，那种孤寂之感就更加强烈。再加上风吹着江岸边的荒草，星光月色下，四野阔大，江水涌流不息，更易令人心生时空苍茫之感与世事沧桑之叹。诗文写得再好，也带不来任何名与利。做官呢，如今年老多病，更是力不从心。这漂泊无依的人生啊！我像是什么呢？就像那漫无目的飞在天地间的一只鸥鸟。

在云安，杜甫一家住在严县令的水阁中。整整一个秋天，杜甫几乎都在卧病。初冬，一位姓常的朋友来探望杜甫。分别的时候，杜甫作《别常征君》一诗：

> 儿扶犹杖策，卧病一秋强。
> 白发少新洗，寒衣宽总长。
> 故人忧见及，此别泪相望。
> 各逐萍流转，来书细作行。

客人来了，他不得不勉强起身，走路有儿子扶着还要挂杖，可见病得不轻。残年多病，白发稀落，身体瘦弱不堪，衣服就显得特别宽大。故友担忧，故来探视，分别之时，不禁双双泪下。此一别，各自萍踪天涯，再见不知何时，只有依靠书信细诉别情。

卧病之中，杜甫仍不忘时时挂心国家大事。这年十月，郭子仪再度与回纥结盟以破吐蕃，杜甫听闻消息，不禁又担心回纥会恃功而胡作非为，危及国家安全。严武的继任者剑南节度使郭英乂又与严武原部将、汉州刺史崔旰产生冲突，郭英乂败逃被杀，邛州牙将柏茂琳等人起兵讨伐崔旰，蜀中大乱，这让杜甫的忧虑更为深重。

他没有更好的办法为国为民分忧，只能把那些发生的事与自己的忧虑写进诗里。此次离开蜀州，一路之上，杜甫经过各州县时，亲见各地军阀混战的乱象，于是便将自己的真实所见写进了《三绝句》组诗中。这三首绝句，第一首写渝州、开州刺史被杀，民众生活凄惨的景象：

前年渝州杀刺史，今年开州杀刺史。

群盗相随剧虎狼，食人更肯留妻子。

第二首写羌、吐谷浑入侵时，一个逃难家庭的悲惨遭遇：

二十一家同入蜀，惟残一人出骆谷。

自说二女啮臂时，回头却向秦云哭。

第三首写皇家禁军屠杀人民、掳掠妇女的暴行：

204

殿前兵马虽骁雄，纵暴略与羌浑同。

闻道杀人汉水上，妇女多在官军中。

因为这些诗，后人才得以了解史料中没有记载的真实历史，也才得以窥见一颗"位卑未敢忘忧国"的真挚火热的心。

云安气候温暖，刚入腊月便似有春意萌动，杜甫诗兴大发，作《十二月一日三首》，其一中有句"明光起草人所羡，肺病几时朝日边"，流露出其想要回京任职的心思；其二中有句"春花不愁不烂漫，楚客惟听棹相将"，说春天的时候，或许自己就会乘船离开这里；其三中有句"即看燕子入山扉，岂有黄鹂历翠微？短短桃花临水岸，轻轻柳絮点人衣"，将想象中的春天写得美到无法形容，美，就是心中不时闪现的希望。

在忧虑与期待的交织中，杜甫送走了冬天，迎来了永泰二年（766）。

春雨初霁的清晨，山上云雾弥漫，阳光照着早放的花朵和草地，杜甫在水阁的花丛中展卷闲读。鹭鸶惊飞，黄莺轻啭。一时兴起，他叫人拿来酒，一边小酌一边教儿子读《昭明文选》。病体向好，春景清和，杜甫不禁感念收留自己的严县令，遂写下《水阁朝霁奉简云安严明府》一诗，描述春天里的美好日常，表达对严县令的深深感激之情。

不觉已是暮春时节，环境清幽的水阁中，日夜可听见杜鹃——又名子规——的啼叫，似是在说："不如归去！不如归去！"客居云安、伏枕养病的杜甫，在杜鹃声声中怀念起了成都草堂，长诗《杜鹃》中写道："我昔游锦城，结庐锦水边。有竹一顷余，乔木上参天。杜鹃暮春至，哀哀叫其间。我见常再拜，重是古帝魂……今忽暮春间，值我病经年。身病不能拜，泪下如迸泉。"他想念浣花溪畔的草堂，想念那里青翠的竹与高大的乔木。以往居住在草堂时，每至暮春，杜鹃就会在竹木间哀哀啼鸣，他每每见到杜鹃，都会去拜一拜，只因这鸟儿是望帝的魂魄所化。如今倏忽间又到暮春时节，竟然已经病了这么久。因为病，不能回草堂，不能再如往日那样拜杜鹃，一念及此，便令人泪下如泉。

令杜甫心痛落泪的，不只故居，还有故人。

就在杜甫逗留渝忠期间，严武的灵柩由其母护送归葬华阴（今陕西华阴）故里，船行忠州至云安段时，杜甫前往登舟，一来慰问严母，二来送挚友最后一程。他含着热泪，写下《哭严仆射归榇》一诗：

素幔随流水，归舟返旧京。

206

老亲如宿昔，部曲异平生。

风送蛟龙匣，天长骠骑营。

一哀三峡暮，遗后见君情。

　　运送严武灵柩的船只上，素幔如雪飘飞，此情此景，无比凄凉。更为凄凉的是，只有老母亲陪伴在儿子身旁。想昔日严武在世为官，威风四射，常常被人簇拥着，而今只有白发人送黑发人，只剩入骨的凄清和无尽的哀伤。在哀伤的人眼中，美丽的三峡也带着黄昏日暮的黯淡颜色。直到此时，杜甫才感觉到自己和严武的感情有多深。

　　挚友已然离去，即将魂归故里，再深的哀伤也有尽时，但自己客居他乡的漂泊生涯却不知何时是尽头。

　　于云安来说，杜甫亦是过客。这年春尽之时，他感觉身体好了一些，便又带着家人继续乘船顺江而下，前路漫漫，下一站停靠之处又会是哪里呢？

瀼西橘黄，东屯稻香

永泰二年春末，杜甫与家人乘船顺江东下，来到了距云安二百四十多里的夔州（今重庆奉节）。唐代的夔州城，是以汉代白帝城为基础扩建而成的，因此白帝城也就成了夔州的别称。杜甫在到达夔州之后所作的《移居夔州作》诗中，有"伏枕云安县，迁居白帝城"之句。

抵达夔州后，杜甫寄居在西阁，没有稳定的经济来源，生计困窘时不得不典当妻子的首饰过活。首先匮乏的是粮食和蔬菜。杜甫得到了一个机会，可以在一片土地上种菜。岂料，天不遂人愿，这年夏天夔州久旱无雨，杜甫的种菜自足计划随即落空。

在焦躁与煎熬中，夏天好容易过去，等到了秋凉雨落，大地上的植物重获生机。秋菜开始种植，杜甫在菜地里播撒了一些莴苣种子，谁知二十多天过去了，一颗种子也没有发芽，倒是长出了不少野草。

大约在秋冬之际，杜甫迎来了一个好消息：旧相识柏茂琳来到夔州任都督。这意味着杜甫在夔州有了坚实依靠。柏茂琳对杜甫颇为礼遇和照顾，时常用自己的俸禄接济杜甫。

大历二年（767）开春，杜甫从西阁迁居到赤甲，不久之后的暮春之时又迁居瀼西，自此安定下来。

与夔州城内相比，瀼西在杜甫心目中是桃花源一般的存在。定居瀼西之后，他有时进城去便很不习惯，迫不及待要回到瀼西来。这里能够安妥他的身心，是颠沛流离中可以安然停泊的港湾。

瀼西的几间草屋，最初是杜甫租赁的，草屋附带着一些田地和四十亩的果园，也归由杜甫种植。当然，这一切有赖于柏茂琳的帮助。一位诗人自给自足的农夫生涯即将开启。

住屋周围有菜园可以种菜，这让杜甫非常开心，"畦蔬绕茅屋，自足媚盘飧"，这两句诗充分表达了他的欣悦与满足之情。住屋周围的果园里，种着上千株橘树。在关心粮食和蔬菜的日常之外，经营橘园也是杜甫重要的生活内容和必要的工作任务。橘树在此不是风景，而是生存的希望所寄。

从春到夏，眼看着橘树一天天发生着变化，杜甫对于秋日丰收的期盼也越来越浓。七月里，杜甫进城被秋雨所阻，一时不能回瀼西，心里还记挂着果园里刚刚长成的橘子："园甘长成时，三寸如黄金。"

进入秋天，离橘子收获的时间越来越近，杜甫诗中出现的橘子身影也渐渐密集起来。

瀼西草堂院落中也有两株巨大的橘树，枝叶特别繁茂，枝条几乎垂地，人在树间穿行，枝叶便会挂住衣服。一个秋天的月夜，杜甫看着这两株硕果累累的橘树，鼻息间荡漾着橘子的清香，看着月光下清亮的秋露在绿色的橘叶上闪闪发亮，不禁对橘子成熟的晚秋时节充满了急切的向往。

有研究者认为，杜甫经营橘园是为离开夔州、南下江陵准备旅费。但在杜甫眼里，橘子恐怕不只是一种商品，在他诸多写橘子的诗作中，都自然流露出对橘子的喜爱之情。他不止一次写过月色中的橘实，"茅斋依橘柚，清切露华新"，这么美的诗句，只有从深爱的心中，才能流淌出来。

到了橘子即将收获的时候，为防止有人偷盗，橘园需要经常巡视。这一天是白露节气，杜甫一大早便骑马到后山的橘园去巡视，直到天黑才回到瀼西草堂。坐在院中的池塘边休息时，杜甫看着水中的鱼儿游来游去，一边憧憬着来日的丰收，一边又担心橘子会被人偷去。这一天的经历，杜甫写在了《白露》一诗中：

白露团甘子，清晨散马蹄。

圃开连石树，船渡入江溪。

凭几看鱼乐，回鞭急鸟栖。

渐知秋实美，幽径恐多蹊。

　　杜甫经营和监管橘园是受柏茂琳所托。既然是工作，便要十分负责。除了瀼西橘园，杜甫还负责东屯一片稻田的经营和监管。因为担心别人监管不力，杜甫从瀼西搬到了东屯居住，亲自监管稻田。

　　迁居东屯之后，杜甫写了很多关于稻子除草、灌溉以及收获的诗，其中还写到了对于田间遗落稻穗的处理。"遗穗及众多，我仓戒滋蔓。"遗穗不是归入自己的仓廪，而是让他人捡拾。这是微小的善良与美德。《诗经》中就曾写道，落穗要留给寡妇等穷苦之人去捡拾。杜甫显然是用自己的行动在践行这一美德与传统。

　　"筑场怜穴蚁，拾穗许村童。"筑造打谷场的时候，担心弄坏了蚂蚁的巢穴；田间遗落的稻穗，就让村里的孩子们来捡拾。杜甫的悲悯之心不只对人，连最微不足道的蚂蚁也不吝施与。

　　"稻获空云水，川平对石门。寒风疏草木，旭日散鸡豚。"稻子收获了，遗落的稻穗还可以让家禽家畜来吃掉，这既体现了杜甫对粮食的珍惜与尊重，更体现了他对所有生命平等相待的仁心。

杜甫在诗中提到，自己不但分食物与村中的长老、船夫及家中的佣人，还会分食物与蚂蚁："愿分竹实及蝼蚁。"或许有人质疑杜甫这样做是为了博取虚名，但杜甫用两句诗表明了心迹："岂要仁里誉，感此乱世忙。"他不是为了获得任何人的赞誉，只是感念于乱世中所有生灵的艰难。

经过辛苦的劳动，收获后的稻谷变成了甜香的白米，杜甫吃着新米煮成的饭和经霜之后味道甘美的瓜果，怀着自得的心情，写下两句诗："破甘霜落爪，尝稻雪翻匙。"

杜甫将自己在瀼西与东屯参与农耕的日常生活写进了诗里，大大拓宽了唐诗的境界，也提升了诗歌对于现实生活的表现力。在中国文化史上，极少有人能像杜甫一样，将自己生产劳作的日常，如此真切、细致地记叙在诗歌之中。

深藏一颗慈悲心

在杜甫生活的时代，夔州没有水井，当地人就用竹筒一节一节连接起来制成竹渠，从山上将水引下来。远远看去，竹渠如长龙一般蜿蜒在山间，有些竟然长达数百丈。因为长度过长，且架设在山间石上，难免会破损。

有一天黄昏时分，竹渠中的水断流了，人们为了争夺竹渠中仅存的水争吵起来。半夜里，患有消渴症的杜甫口渴得厉害，正在无计可施时，他在当地雇佣的一位少数民族少年仆人阿段，独自一人爬到水源所在的山顶修好了竹渠。

杜甫怀着赞赏、感激与疼爱交织的心情，写下了《示獠奴阿段》一诗：

山木苍苍落日曛，竹竿袅袅细泉分。

郡人入夜争余沥，竖子寻源独不闻。

病渴三更回白首，传声一注湿青云。

曾惊陶侃胡奴异，怪尔常穿虎豹群。

炎炎夏日，竹渠又坏了。这次是杜甫的另一位仆人信行前去进行了修理。杜甫为此特意写下的《信行远修水筒》一诗，更像是面对面与信行交谈。诗中说，你（信行）生性不食荤腥，心地纯净，性格很好，做起事来干净利落。高山上用来引水的竹筒坏了，山上还发生了塌方，你不顾危险，在炎热的天气里往返四十里地修好了竹筒。你回来时，天色已晚。劳累奔波了一天，为了赶时间，你连饭也没有吃，这让我感到非常惊讶。看着你通红的脸庞，我心里真是过意不去。浸在水中的菜瓜，本来是给我治病的，我把它给你，还有我最喜欢吃的饼子，你也一起拿去吃了吧。你的工作态度值得赞扬，有你在就不怕没有水。秉性正直，心地纯良，这就是你啊。

用当时世俗的眼光来看，阿段和信行作为仆人，付出劳动是职责所在，并不值得赞赏和感激。况且，像阿段这样的獠奴，地位比平民还低，属于贱民阶层，有几人能拿他们当人看？杜甫没有高高在上，以尊贵自居，他用一颗平等的心对待他们，不但感激他们的付出，还对他们的优秀品行进行赞美和肯定。虽没有办法消除阶层差异，但他在人格上尊重他们。

这是一种多么难能可贵的思想。

纵观整个中国古代诗坛，特意用整整一首诗的篇幅为仆人写下文字的人能有几个？而杜甫不但为他们专作诗篇，还郑重地将他们的名字写在诗题之中。在夔州，杜甫要管理大片果园和农田，因而雇佣的当地奴仆也多。除了阿段和信行，还有一些仆人的名字，也出现在杜甫的诗中。

当时，夔州常有老虎出没，人们为了防止虎患，就在门外修筑防虎墙。杜甫来到夔州后的第二年夏天，防虎墙损坏，杜甫将修缮的任务交给了几个仆人，交代他们每天清早去山上砍伐树木，不用太多，每人只需肩运四棵树回来，然后再砍一些竹子，除了修院墙，再将屋顶和墙壁也修一修。那三个仆人认真听着杜甫的嘱咐，在炎热的天气里超额完成了工作任务。杜甫对此心存感激，准备用美酒来犒劳他们。

这件事，杜甫写进了《课伐木》一诗中，虽然在诗题和诗的正文中没有出现仆人的名字，但诗前有一段长长的序，提到了这几个仆人的名字，乃是伯夷、辛秀、信行等。名字是一个人行走世间的符号与凭证，称呼一个人的名字，就表示对这个人的尊重。不只是人，世间一切渺小或巨大的，一切有生命或无生命的，诸如山水、岩石、植物、动物……都有自己的名字。

杜甫在写到这些为自己付出劳动的仆人时，总不忘提到他们的名字。

自杜甫开始接手东屯稻田的农事管理后，经过一整个夏天的除草、灌溉等劳作，终于迎来了秋收前最后一次除草。水稻种植，常会遭遇旱灾、水灾或虫灾，幸运的是，杜甫在这一年的稻田经营中没有经历这些灾害。最后阶段的工作更要认真谨慎，如此才能有完满的收获。

但是秋季最后的除草工作进行得并不理想。东屯的稻田本是行官张望在监管，此人责任心不强，杜甫并不放心，因此特意委派仆人阿段和阿稽前往查看。这件事，杜甫写进了一首长篇五言古诗中，这首诗的题目很长，叫作《秋行官张望督促东渚耗稻向毕，清晨遣女奴阿稽竖子阿段往问》。杜甫不厌其烦，在诗题中如此清晰明确地交代事件的原委，写明两位仆人的名字，并且对于他们的性别或年龄都作了说明。与其说这是他的严谨，不如说是他的悲悯和仁爱。

在古代，很多地位颇高的女性尚不能在诗文中留下自己的名字，比如很多名人的母亲，只笼统地以姓氏称呼，以至于她们在历史上模糊了面容，只沦为男性的背景板。但杜甫对于一个小小的女奴，还要在诗题中注明她的名字，并且特意说出了她的性别。原本大可不必如此，但这就是杜甫的特别之处：让那些卑微者的名字大量进入诗歌，并且进入诗题，和其他与达官贵人酬唱的诗歌中的名字一样。

从到达夔州第一年的春天开始，为了调养身体，杜甫养了很多鸡。到夏天的时候，母鸡连同小鸡，已经达到了五十只。这么多的鸡，时常会冒冒失失地闯入院子里，弄得一地鸡毛，一片狼藉。为此，杜甫决定修筑围栏和鸡笼。

这项工作说起来简单，做起来却很是琐碎麻烦：需要将青竹杀青后再砍削成竹条，宽一些的竹条用来在院墙外竖起高高的围栏，细些的竹条用来编织鸡笼，竹条之间要排列紧密，不然缝隙太大会让鸡从中间钻过来。杜甫将这件事交由长子宗文负责，于是宗文就带着一帮仆人认真干起活来，杜甫不时催问工程进展。这件事，杜甫写进了《催宗文树鸡栅》一诗中。

杜甫让自己的儿子与仆人们一起劳作，可见他们一家人应是与仆人相处融洽，没有鲜明的阶层观念。这些仆人因为出身低贱而处于社会最底层，但因为有了他们，杜甫在夔州的日常生活才得到了坚实有力的支撑。

杜甫显然很明确地意识到了这一点，所以才会将这些卑微者的名字，郑重地写进了诗里。

病痛难抑诗兴发

居留夔州期间，杜甫深受疾病困扰。在诗中，他不止一次提到自己的消渴病，"消渴今如此""闭目逾十旬，大江不止渴"。消渴病是一种不可逆的疾病，随着时间推移，只会越来越重。"眼复几时暗，耳从前月聋"，疾病叠加着衰老，让曾经明亮的眼睛变得昏花，让曾经灵敏的听觉变得迟钝。

肺病也在折磨着杜甫。在寄给薛据的信中，他说自己的肺病是早年间与郑虔、苏源明一起不知节制地饮酒所致。人在年轻时，总会忽视身体健康，在生活方式上任性放纵，直到病痛来袭，却已悔之晚矣。

肉身日渐衰朽，文心却蓬勃昂扬。

住在夔州的一年多时间里，杜甫的创作状态非常好，共写诗四百余首。这些诗不但数量众多，而且内容庞杂。

他在诗中写外出观览到的风光，写古老的白帝城，写白帝城最高的那座楼，写诸葛亮与刘备的遗迹，也写夔州的山水自然与天气。

他在诗中写当地的风土人情，鲜明表达自己的观点和好恶。夔州有一个很奇怪的现象：男人在家守门户，女人却出门从事诸如砍柴卖薪等各种艰辛繁重的劳作。杜甫同情那些悲苦却无力的女子，作诗《负薪行》说："面妆首饰杂啼痕，地褊衣寒困石根。若道巫山女粗丑，何得北有昭君村。"他还有感于夔州男人对于生命的不够珍惜，格局和气量都显得狭小，作诗《最能行》说："此乡之人器量窄，误竞南风疏北客。若道士无英俊才，何得山有屈原宅。"在女性地位低下的古代，杜甫能有这样对于男女地位平等对比的认识，确属难能可贵。

他在诗中写与人的交游，也写自己的日常生活与独处时的静思。秋日月夜，更易引动愁思。他在诗中一再写到秋天的夜和月。"飞星过水白，落月动沙虚""四更山吐月，残夜水明楼""孤月当楼满，寒江动夜扉"……这样的夜晚很美，却是凄清孤寂的美。"江月光于水，高楼思杀人。天边常作客，老去一沾巾""露下天高秋水清，空山独夜旅魂惊""中夜江山静，危楼望北辰。长为万里客，有愧百年身"……他常常失眠，客居之地的风景再好，也无法安抚一个漂泊不定的灵魂。

他对自己的人生进行深深回望、细细反思，写下了关于自身经历的诗歌形式的自传：《壮游》《遣怀》《昔游》。其中《壮游》一诗，杜甫从自己七岁开始学习作诗写起，一直写到客居巴蜀，堪称最完整、最可信的杜甫第一手传记史料。在《遣怀》《昔游》中，杜甫追忆当年与高适、李白快意漫游的经历，那时他们是那么年轻，人生充满希望和无限可能。倏忽间，岁月已晚，李白、高适已相继离世，而自己在这衰朽残年，还漂泊于江湖，不知何处是归途。

他在诗中怀念旧友故交，怀念那些在他心目中有很重分量的人。《八哀诗》是这一时期怀人诗作中的名篇。这组诗共有八首，每首的主人公分别是王思礼、李光弼、严武、李琎、李邕、苏源明、郑虔、张九龄。这些人在杜甫心目中都是当世贤才，杜甫怀着沉痛的哀伤追悼他们，不只是出于个人感情的单纯怀念，更有伤时忧世之叹。

他怀古伤今，写《咏怀古迹五首》；他关心军国大事，写《诸将五首》。也有一些诗作，内容难以明确分类，似是随兴有感而发，艺术上却达到了很高的成就，其中的代表作就是《秋兴八首》。

这组诗各自独立，又互相联结成一个整体。从第一首到第八首，看似无序，实则贯穿着时间与感情流动的暗线。

第一首：

> 玉露凋伤枫树林，巫山巫峡气萧森。
>
> 江间波浪兼天涌，塞上风云接地阴。
>
> 丛菊两开他日泪，孤舟一系故园心。
>
> 寒衣处处催刀尺，白帝城高急暮砧。

秋露清白，枫林醉红，色彩虽鲜明，却是一番寥落感伤气象，山川峡谷都被秋天的萧瑟之气所笼罩。江上波浪连天涌流，阴云低垂与大地相连，这就给人一种动荡不安和阴郁压抑的氛围。

在这样的景象和气氛之下，内心的感受自然生发出来。前面四句是写景，是实写，接下来两句是写情，是虚写。看到这样的秋景，不由想到此时已是来到夔州的第二年秋天，菊花已经开了两次，人如孤舟漂荡无依，故园渺茫难回，一念及此，怎能不流下泪？最后两句又回到现实写景。暮色中，只听到高高的白帝城中传来阵阵人们的捣衣声。至此戛然而止，余音袅袅，捣衣声带着秋天的寒意久久留在读者心上。

第二首：

> 夔府孤城落日斜，每依北斗望京华。
> 听猿实下三声泪，奉使虚随八月槎。
> 画省香炉违伏枕，山楼粉堞隐悲笳。
> 请看石上藤萝月，已映洲前芦荻花。

首两句是承接第一首诗结尾日暮黄昏的时间线而起，落日西斜，北斗星升上天空。"每依"是说常常望着天上的北斗星怀念北方的京城长安。接下来他说，听着令人落泪的猿啼，盼望着能乘着浮槎自由归去。正沉思默想间，抬眼看见秋月正照着芦荻花，乘槎的幻想中断，人回到了现实中，皎白的月光照着白色芦花，全诗在这样的画面中结束，如此景语是最好的情语，令人回味不尽。

第三首：

> 千家山郭静朝晖，日日江楼坐翠微。
>
> 信宿渔人还泛泛，清秋燕子故飞飞。
>
> 匡衡抗疏功名薄，刘向传经心事违。
>
> 同学少年多不贱，五陵衣马自轻肥。

时间已来到了早晨。像往常一样，他看到了山，看到了渔夫，看到了从北方飞来的燕子，就在想：我这一生到底做了些什么？当年那些一起求学的人，大多居于高位，过着轻松富贵的生活，而自己呢？

第四首：

> 闻道长安似弈棋，百年世事不胜悲。
>
> 王侯第宅皆新主，文武衣冠异昔时。
>
> 直北关山金鼓震，征西车马羽书驰。
>
> 鱼龙寂寞秋江冷，故国平居有所思。

他终究还是记挂着家国，以未能建功立业为遗憾。京师政局如棋多变，世事沧桑可悲可叹，宦海浮沉，人来人往，戎马倥偬，战事不断。而在这样的形势之下，他自己却"鱼龙寂寞秋江冷，故国平居有所思"，寂寞困居远离京师的南方小城，虽然生活平静，但仍免不了思国思家。世界或许已将我遗忘，但我未尝一日不记着世界。

第五首到第八首，都写的是对长安的思念：

蓬莱高阙对南山，承露金茎霄汉间。
西望瑶池降王母，东来紫气满函关。
云移雉尾开宫扇，日绕龙鳞识圣颜。
一卧沧江惊岁晚，几回青琐点朝班。

瞿塘峡口曲江头，万里风烟接素秋。
花萼夹城通御气，芙蓉小苑入边愁。
珠帘绣柱围黄鹄，锦缆牙樯起白鸥。
回首可怜歌舞地，秦中自古帝王州。

昆明池水汉时功，武帝旌旗在眼中。
织女机丝虚夜月，石鲸鳞甲动秋风。
波漂菰米沉云黑，露冷莲房坠粉红。
关塞极天唯鸟道，江湖满地一渔翁。

昆吾御宿自逶迤，紫阁峰阴入渼陂。
香稻啄余鹦鹉粒，碧梧栖老凤凰枝。
佳人拾翠春相问，仙侣同舟晚更移。

彩笔昔曾干气象，白头今望苦低垂。

他想念长安的宫殿和朝堂，他想念曲江池和昆明池，他想念昆吾亭、御宿川、紫阁峰和渼陂……他说自己的笔曾经描绘过那样美丽的大唐盛世的气象，他笔下的文字也曾受到过激赏和赞扬，而如今什么也没有了，只有一个白发老翁遥望京华，垂着衰老的头颅。

写了这么多年诗，对于诗歌艺术传承与诗歌艺术创作，杜甫有很多深刻的思索和感悟，遂写下《偶题》一诗。这首诗既是一篇见解独到而系统的诗论，也可看作是杜甫个人真诚的创作谈。他在诗中表达的意思是，有独特价值的文学作品必能流传后世，作为诗文写作者，要了解文学发展的源流，要继承先辈的文学遗产，且立志文学创作，一定要竭尽毕生精力，用生命去全心创作。

"文章千古事，得失寸心知"，这首诗的开头两句，想必千百年来所有从事文学创作的人，一读之下都能悠然心会。文学创作是传之千秋万代的事业，其间的苦乐得失，只有作者本人知道。就如同杜甫自己，一生追求的功名事业落得一片空茫，在俗世常人眼里活得很失败，不会经营仕途，却耗尽巨大心力写诗，生前凄苦寂寞，身后诗名赫赫，这一切，究竟是得是失？

第九章

孤舟望长安

归路从此迷，
涕尽湘江岸。

江陵漂泊难谋生

大历三年（768）正月，杜甫收到弟弟杜观的信，说已经在当阳（今湖北当阳）找好了住处，请他带领全家按之前兄弟俩定好的计划，出三峡去往江陵生活。

这是杜甫盼望已久的事，因此立即决定正月中旬出发。临行前，他将瀼西的那四十亩果园赠送给了他的"南卿兄"——他在夔州安定下来后，已将果园买了下来。在记录此事的诗作《将别巫峡赠南卿兄瀼西果园四十亩》中，杜甫写道："具舟将出峡，巡圃念携锄。"离开之前，他对这片园圃恋恋不舍地巡视，还想要拿着锄头再在园里锄一锄草。他还在诗中写道："残生逗江汉，何处狎樵渔？"余生要在江汉度过，也许今后再也没有这样安静隐逸的生活了。

怀着些许期待、些许担忧，杜甫携家人乘船离开夔州向江陵进发。过巫山县、峡州之后不久，杜甫还没来得及细细领略风景名胜之美，船就已驶出三峡。杜甫在诗中这样描述自己当时的心情："入舟翻不乐，解缆独长吁。"人常常向往远方，但真的要走向远方，却会生出茫然的愁绪——前路不明朗，未来不可知。即便如此，也不能停下奔赴的脚步。

过了宜都、松滋之后，即将到达江陵。驻守在江陵的荆南节度使卫伯玉是杜甫的朋友，在其幕府中任职的也有杜甫的亲友，其中就有杜位。抵达江陵之前，杜甫写诗给江陵城中的旧识，说自己将要来到，请他们多多关照。

清晨时分，船靠岸，正下着雨。杜甫冒雨来到杜位家中。久别重逢，两家人自是百感交集。很快便是三月初三上巳节，徐司录于自己家的园林中举办雅集，杜甫参与并赋《上巳日徐司录林园宴集》诗。暮春时节，胡侍御又在书堂设宴，与杜甫一同参加此次宴请的还有他的老朋友李之芳和郑审。

二十三年前的夏天，年轻的杜甫在齐州漫游时，与李之芳相识。与君初识少年时，如今再见已头白，两人叙不完旧情。宴罢之后，杜甫邀李之芳月下散步，并作《书堂饮既夜复邀李尚书下马月下赋绝句》诗：

湖月林风相与清，残樽下马复同倾。

久拂野鹤如双鬓，遮莫邻鸡下五更。

值此月白风清的良夜，两位在时光中老去却仍情谊深笃的老友，不顾年衰酒残，在月下尽情倾谈至五更鸡啼。面对曾经陪你走过青春的人，少年豪兴不觉间就回来了。

端午之际，卫伯玉派一位姓向的下属入京进奉端午御衣。杜甫闻此事，不由忆起自己当年在朝中获赐端午御衣一事。他在给那位向卿所写的送别诗中说："卿到朝廷说老翁，漂零已是沧浪客。"当你入京与朝中人谈起我时，就说：这个人已经沦为飘零江湖的流浪者了。言词间，充满了辛酸、无奈与沧桑。

到了夏天，在江陵依附亲友的杜甫，生活陷入困顿。有人可能会问：杜甫的弟弟杜观在哪里？杜甫到达江陵以后的诗作中，未见写到杜观，不知是何原因。而卫伯玉、李之芳、郑审等人的接济，总有不及时或不周之处，就算接济及时而周到，恐怕也无法完全满足需要，这是依靠别人必得要面对的现实。

无奈之下，杜甫暂离江陵去别处求助。这件事，他记录在《水宿遣兴奉呈群公》一诗中，诗的大意是说：我生性鲁钝又体弱多病，至今还要为生活忧心，现在外出所乘之船搁浅，只得在岸边暂时过夜。这船不是开往回家去的北方，却是向着陌生的西方。想到自己暮年漂泊、流离颠沛，不由大恸。家中的孩子们不断来信，说每顿饭连糠菜都吃不上。不知何以就落到了这步田地。附近的县城算是白去了，那里的朋友们吝惜钱财不愿接济，卑微求助，却一再受挫，又有谁能怜悯我？我有志建功立业，不意却受困于此，若蒙有人相助，我定会铭记于心。

这首诗是杜甫外出求助途中写给江陵亲友们的，诗中诉说自己的困境，实则还是希望得到这些人的帮助。一个如此有才华的人，生存却艰难至此，不得不让人唏嘘。

秋天，杜甫在江陵回想自己平生遭际，感慨万端发于笔墨，作《秋日荆南述怀三十韵》，其中写到自己流寓江陵的境况和心情时说："苦摇求食尾，常曝报恩鳃。"像一只整天摇着尾巴乞求别人投喂的狗，像一尾在干涸的池塘中等待别人施以水滴而活命的鱼，总是在说着如蒙相助定当报恩的话。将自己如此作比时，他的心该是怎样的滴着血！

生活无着，江陵不可久居，杜甫不得不重新考虑今后去向。他在写给一位薛姓友人的诗中，透露了想要漫游江淮而后北归的想法。此后的日子里，他的目的地变得不确定起来，想法常会变动，但最想去的地方，还是北方故园。

潭州衡州空盘桓

　　杜甫一家离开江陵，是在大历三年秋深之际。行前，杜甫写了一首赠别诗给郑审，开头是"更欲投何处，飘然去此都"。不知去向哪里，但仍要离开，仍要上路。或许走着走着，目的地就自然显现出来了。

　　船向南行，杜甫与家人于日暮时分到达公安（今湖北公安），夜宿山野一家驿馆。像以往很多个夜里一样，杜甫失眠了。在这陌生的边远之地，秋风紧，天渐寒，不眠之人的寂寥凄苦，有谁能知？忽而一阵风来，灯灭了，四周一片漆黑，安静中听到有人在小声说话。好容易挨到鸡啼，杜甫就起床了，向驿馆里的人打探前面的路况。

　　在公安，杜甫遇到了一位故人——书法家顾戒奢，他们同赴颜少府之宴。乘着酒兴，杜甫作《醉歌行赠公安颜十少府请顾八题壁》一诗，请顾戒奢题于壁上，诗中有"是日霜风冻七泽，乌蛮落照衔赤壁。酒酣耳热忘头白，感君意气无所惜，一为歌行歌主客"之句，虽是酬唱之作，却恍惚中可见年轻时那个纵酒狂傲的杜甫。但那不过是醉时意气，醒后还得面对头白羁旅的现实。

欢聚过后，顾戒奢去了江西。杜甫在这里，又遇到了晚唐诗人李贺的父亲李晋肃。此次李晋肃准备去往蜀州，途经公安。李晋肃要去的，正是自己不久前离开的地方，杜甫不禁感慨良多，写《公安送李二十九弟晋肃入蜀，余下沔鄂》诗记录此事。

后惊闻李之芳病逝于江陵，杜甫连作两首诗哭悼老友，深感岁月风刀霜剑的催迫。曾喜欢以马和鹰自况的他，感觉此时的自己，正像每夜宿于江边衰柳之上、白日孤独盘飞天地间的一只病鹘。

到了冬天，杜甫再次带着家人上路，乘船东下岳阳。在这里，杜甫写下了诗歌名篇《登岳阳楼》：

> 昔闻洞庭水，今上岳阳楼。
>
> 吴楚东南坼，乾坤日夜浮。
>
> 亲朋无一字，老病有孤舟。
>
> 戎马关山北，凭轩涕泗流。

洞庭湖与岳阳楼素有"洞庭天下水，岳阳天下楼"之美誉。相传岳阳楼曾是三国时吴国名将鲁肃的阅兵台。杜甫久闻盛名，今日登楼临湖，不免联想到此地曾是吴国和楚国旧地，怀古幽思的同时，又感觉洞庭浩渺，天地阔大，自己所在的岳阳楼，就像漂浮在天地间和湖面上一样。"乾坤日夜浮"有如神来之笔，气魄宏大的背后，一个"浮"字显露了诗人内心深处的思绪，引出了下面的诗句。天地宏阔，湖水无际，人那样渺小。楼似在漂浮，人不也是在漂浮吗？远离亲朋，孤舟漂泊，而国家战乱未平，故土难回，归处难定，怎能不让人涕泗横流？

在岳阳，杜甫看到当地百姓在米价大跌的情况下，为了还租纳税而不得不卖儿卖女的惨状，便写下了《岁晏行》一诗，诗中"高马达官厌酒肉，此辈杼柚茅茨空"之句，与"朱门酒肉臭，路有冻死骨"有异曲同工之妙，为官的富贵者与贫苦的劳动者，人生境遇天壤之别，令人悲且愤。这时候的杜甫，忘记了他也是令人同情和心疼的行列中的一员。

在岳阳短暂滞留之后，大历四年（769）春天，杜甫从岳阳出发，准备去投奔老友韦之晋。韦之晋是杜甫十九岁时郇瑕之游结识的朋友，几十年来，他们一直保持着联系，近年，韦之晋在衡州（今湖南衡阳）任刺史。

船入洞庭湖，杜甫立于船头，看着动荡的湖水，想起国家和自己的命运都处于动荡之中，茫然无着，不觉落下泪来。夜宿青草湖之后，船驶入了湘江；在白沙驿泊船休息时，杜甫听说湘夫人祠就在附近，便连作两诗，抒发怀古幽情的同时，寄寓郁郁不得志之慨叹。

　　旅途之中，常有狂风大作，行船困难，看着船夫们奋力划桨撑篙，杜甫实在不忍，对他们说不要着急，自己并不急于赶路，并且对他们的劳动付出表示感谢。杜甫看到沿途有一位女子在江边的山上采蕨菜嫩苗，看起来辛苦又危险，便和她聊起天。那女子说，她的丈夫因为服劳役累死了，她自己采蕨菜是为了卖钱缴纳官家的赋税。诸如此类的事，杜甫一路上看到了很多，听到了很多，他感慨杂税之重、官吏之凶、民众之苦，作《遣遇》一诗，以抒发胸中郁闷。

　　沿湘江溯流而行，一路之上，每到一地，杜甫总要作诗纪行。很快，远远地望见南岳衡山的影子了，杜甫于是写下《望岳》一诗：

南岳配朱鸟，秩礼自百王。

欻吸领地灵，鸿洞半炎方。

邦家用祀典，在德非馨香。

巡守何寂寥，有虞今则亡。

洎吾隘世网，行迈越潇湘。

渴日绝壁出，漾舟清光旁。

祝融五峰尊，峰峰次低昂。

紫盖独不朝，争长嶪相望。

恭闻魏夫人，群仙夹翱翔。

有时五峰气，散风如飞霜。

牵迫限修途，未暇杖崇冈。

归来觊命驾，沐浴休玉堂。

三叹问府主，曷以赞我皇。

牲璧忍衰俗，神其思降祥。

　　此前，他曾为东岳泰山和西岳华山各写下一首《望岳》。如今，他所作《望岳》一诗，只摹写所见之山形盛景与相关典故传说，未直抒胸怀，想必此时的他心中满溢悲愁，这种情绪与南岳的气象不相称，所以便不涉及了。

　　杜甫历尽千辛万苦到达衡州，才得知韦之晋不久前改任潭州刺史，已前去赴任。这一次的错过，将成永诀。就在杜甫准备从衡州再返潭州寻找韦之晋时，他听到了一个晴天霹雳般的噩耗：韦之晋在潭州病逝了。

　　杜甫又从衡州返回潭州。相比衡州而言，潭州亲友更多一些，能给予他实实在在的接济。在亲友们的照顾之下，杜甫一家暂时在潭州居住下来，生活尚能勉强维持。他能感觉到，自己的身体正在一日日衰弱下去。一天，杜甫在江边的楼上凭空远眺，想到北方的故乡，突然有一种强烈的不祥预感袭来，在《楼上》一诗的结尾写下："乱离难自救，终是老湘潭。"乱离之中，没有人能救自己，就连自己也无法救自己，恐怕要终老于此了。

　　没想到，这两句诗成了谶语。

落花时节又逢君

时间来到了大历五年（770），这是杜甫在人间的最后一年。

正月二十一日这天，杜甫整理旧日书卷诗稿，看到高适十年前正月初七人日写给自己的一首诗，那时，他还住在成都草堂。如今，诗还在，人却阴阳两隔。在这凉薄的人世，高适遗留在诗中的情谊依然温暖着杜甫的心，他不由泪洒诗卷，作《追酬故高蜀州人日见寄并序》述怀。

这年春天，杜甫与多位故人有了交集。

先前在蜀州时，杜甫入严武幕府，有一位同僚叫作萧先，严武及其母亲相继去世后，萧先对严家多有照料，如今萧先在湖南任刺史，杜甫写诗投赠，赞誉其仁义，同时亦有希望得到帮助之意。

当年杜甫郇瑕之游，还曾结识一位友人叫寇锡。四十年后，两人意外在潭州重逢。寇锡此次是前往岭南赴任，途经潭州，与杜甫短暂相聚之后，又要告别了。杜甫写诗赠给寇锡。此一别，将不复有相见之日。

还有一位故人的出现，让杜甫在惊喜、意外之余，更多了些对世事沧桑的感慨。这位故人就是李龟年。当年，杜甫曾几次在岐王李范及玄宗近臣崔涤的家宴上欣赏过李龟年唱歌奏乐。安史之乱后，李龟年流落江南，这时正在潭州，方得以有缘与杜甫重逢。杜甫于是写下《江南逢李龟年》一诗：

岐王宅里寻常见，崔九堂前几度闻。

正是江南好风景，落花时节又逢君。

单从字面上看，这四句诗平易浅近，不过是说当年曾与李龟年相识，如今在江南的落花时节与之相逢。杜甫的诗，如果不了解历史背景，不了解其中涉及的人物生平经历，是读不出其中蕴含的深意，看不出其中的好来的。

杜甫初识李龟年，正值繁华盛世，是鲜花着锦的时代，李龟年凭着自己的才华享受着荣耀和恩宠，杜甫也处在人生的春天，未来有无限值得期待的美好可能。这是前两句诗所描绘的过往，淡淡写来，似平平无奇。

接下来的第三句，一个"正"字，像电影中的镜头，时空突然就从几十年前瞬间切换到了现在。现在是什么样子呢？江南的春天，最美的地域，最美的季节，风景绝好，本是赏心悦目的美景，老友重逢，应是充满欣喜。此时的春天虽和那时的春天一样绝美，但已是春暮花落。零落的，不只是花，还有大唐盛世，还有人的年华、骄傲、自信与希望。"又逢君"，寥寥三字，包蕴着多少无声的慨叹与复杂的况味。正如俞陛云所说："此诗以多少盛衰之感，千万语无从说起，皆于'又逢君'三字之中，蕴无穷酸泪。"

多少光阴岁月，多少情思感触，多少盛衰荣辱，多少悲欢离合，都集中并隐匿在二十八个字之中。有人说，读懂了《江南逢李龟年》，就读懂了杜甫。或许有些言过，但这首诗的确是打开杜甫世界的一扇门，普通人可以随时推门而入，走进去，会看见令你惊讶的风景。

在杜甫的诗中，还有一首诗，感情基调与《江南逢李龟年》类似，但呈现出来的样貌却迥然不同。这首诗就是《观公孙大娘弟子舞剑器行》。

大历二年，杜甫在夔州意外遇到了公孙大娘的弟子李十二娘，并观看了她的剑器舞。五十年前，还是个孩子的杜甫曾经见过公孙大娘舞剑器，那种震撼和感动长久埋藏在心里，一直未曾忘却。李十二娘的技艺与公孙大娘不相上下，此时自己已不再年轻，而公孙大娘早已不在人世。杜甫心中关于公孙大娘的记忆连同昔时的盛世记忆一同被触动而苏醒，记忆让现实更加刺痛。五十年来，国家巨变，民生多艰，人在时代的浪涛中如一叶孤舟，浮沉颠簸，却怎么也靠不到理想的彼岸。

万般感慨之中，杜甫写下了《观公孙大娘弟子舞剑器行》一诗。这首诗固然令人感动，但《江南逢李龟年》将更深的感慨与悲叹隐于平淡的字句之下，更能触动人心。

大历五年四月，潭州突然爆发了兵乱。湖南兵马使臧玠与判官达奚觊产生冲突，于是起兵造反，杀死了达奚觊与潭州刺史崔瓘。潭州大乱，人们纷纷逃离，杜甫也带着家人仓皇出逃，乘船去了衡州。

杜甫回想自己这一生，安史之乱发生后从白水往鄜州逃难，在成都草堂居住时遇徐知道叛乱逃难，如今在潭州稍稍安定，又要逃难。从北方到南方，天下之大，怎么就没有一个能够容身的太平之地呢？自己这一副老病之身，已经受不起逃难途中的奔波折磨，妻子儿女也跟着受苦。四海之内，生灵涂炭，无数平民百姓和自己一样逃难，想想就让人悲不能抑。故国、故园，料是再也不能回去了，自己的眼泪想必会在这湘江岸边流尽吧。如此，他写下《逃难》一诗：

五十白头翁，南北逃世难。

疏布缠枯骨，奔走苦不暖。

已衰病方入，四海一涂炭。

乾坤万里内，莫见容身畔。

妻孥复随我，回首共悲叹。

故国莽丘墟，邻里各分散。

归路从此迷，涕尽湘江岸。

在衡州，杜甫接到在郴州任职的舅舅崔玮的信，决定前去投奔。他们一家乘船沿耒水行进，到达耒阳县方田驿时，突遇江水暴涨，他们被迫在此停泊了五天。船上准备的食物已经吃完，杜甫正为此焦灼不安之际，耒阳县的聂县令得知消息，派人送来了牛肉和酒。但因水势不退，无法前行，只好调转船头，顺流而返，回到了潭州。

终老湘潭，诗名身后显

杜甫夏天回到潭州，到了秋天又离开了，他准备乘船先到岳阳、汉阳，然后再到襄阳。出发之前，他写诗《暮秋将归秦留别湖南幕府亲友》，向众人告别。

在潭州去往岳阳的船上，杜甫又病了。此时已是冬天，他在病中写了一首《风疾舟中伏枕书怀三十六韵奉呈湖南亲友》，诗中说自己患了风疾，羁旅异乡，病情一年重似一年。如今拖着病体在船上漂泊，苦忆京华，故乡不见，常常因为缺衣少食而要接受诸位湖南亲友的馈赠，惭愧又感恩。他还说：我滞留湖南，不能北归，又无地可栖，只能像转蓬般四处飘荡。这一路上，我都在服药，可病情却不见减轻。如今战乱不息，国家不安，我虽有心济世，却是力不从心。想必我会死在这路途之中。一念及此，不禁泪如雨下。

人往往在离世之前会有强烈的预感，而且很准确。写下那首给湖南亲友的长诗之后，杜甫在漂泊湘江的船上离开了这个世界。他常常写诗的那支笔，从此再也无法拿起。

　　至今，仍有人相信他是在耒阳吃多了聂县令的牛肉，因消化不良而逝。还有人说他是因溺水而逝。多少青史留名的人物，生与死都显得扑朔迷离，生会演绎出种种传说，死亦是。正如李白的死，有人说是病死，有人说是失足落水溺死，有人说是自投于水而死……或许，人们觉得像李白、杜甫这样非凡的人，不应该以寻常的方式告别人世。

　　杜甫的归葬之地也众说纷纭，后世很多地方都出现了杜甫墓：陕西的华州、鄜州，湖北的襄阳，四川的成都，湖南的耒阳、平江，河南的巩义、偃师……

　　研究者们认为，陕西华州、鄜州及湖北襄阳、四川成都的杜甫墓，都只是纪念性质的衣冠冢。华州、鄜州、成都，是因为诗人曾在此居住，襄阳是因为诗人祖籍在此，所以当地人们为了缅怀，为诗人修筑了坟墓。

　　在耒阳修筑杜甫墓，除了根据杜甫逝于耒阳这一说法之外，还有一个理由：与杜甫同时代的唐大历年间，相传有一位名叫戎昱的诗人，曾写过一首《耒阳溪夜行》诗，就是为了悼念杜甫而作。但这种说法遭到了著名杜甫研究专家萧涤非先生的否定，萧先生认为《耒阳溪夜行》的作者是张九龄而不是戎昱。早在杜甫去世前三十年，张九龄已经去世，所以《耒阳溪夜行》根本就不是为悼念杜甫而作。

湖南平江杜甫墓的修筑，依据是中唐诗人元稹为杜甫所作的墓志铭，其中说杜甫逝后"旅殡岳阳"。但这仍然让人疑惑，元稹既然说杜甫的灵柩当年暂时安葬在岳阳，那么墓地为什么会出现在相距较远的平江？成书于清乾隆年间的《平江县志》对此是这么解释的：杜甫当年离世后，他的灵柩暂时留在岳阳。后来杜甫的小儿子宗武在去世前嘱咐其子杜嗣业，日后一定要将祖父的灵柩运回河南偃师安葬。却不料因为战乱，杜嗣业流落到了平江定居，就将杜甫葬在了平江。

这种说法不能令人信服，因为元稹在为杜甫所写的墓志铭中明确提到，元和八年（813），也就是杜甫去世后第四十三年，他在荆州遇到了杜嗣业，其时杜嗣业正准备将祖父的灵柩运回河南偃师安葬，便请他为杜甫作墓志铭。

有元稹的墓志铭为依据，再加上偃师首阳山下有杜甫的家族墓地，杜审言、杜预都葬在那里。因此，可以说河南偃师的杜甫墓可信度最高。但是为什么河南巩义又有一座杜甫墓呢？有一种说法是杜嗣业原本打算将杜甫葬在偃师，后来又改变了主意，将杜甫葬在了其出生地巩义。不过这种说法也没有令人信服的证据。

历史上的很多事，都没有定论。"诗圣"究竟归葬何处，这不是最重要的，最重要的是他的诗，在生前不为人重视，在身后却得到了越来越多人的认可和赞誉。

大历七年（772），樊晃在润州（今江苏镇江）收集杜甫的作品，编成《杜工部小集》，这是最早的杜甫作品集之一，收录了杜甫各种题材的作品，偏重诗歌。

贞元、元和年间，元稹和白居易发起了"为君、为臣、为民"的新乐府诗歌运动，他们的新乐府诗歌创作，就是在杜甫诗歌的启发和滋养下产生的。白居易推崇杜甫的《新安吏》《石壕吏》《潼关吏》等诗篇，特别推崇"朱门酒肉臭，路有冻死骨"这两句。元稹则在《乐府古题序》中说："近代唯诗人杜甫《悲陈陶》《哀江头》《兵车》《丽人》等，凡所歌行，率皆即事名篇，无复依傍。"

诗人张籍堪称杜甫的超级粉丝。冯贽《云仙散录》中说，张籍曾将杜甫的诗卷烧成灰，就着蜜膏服用，声称此举能使自己"肺腑常清新"。这只是一个故事，不知是否是事实，但张籍对杜甫的崇敬之情却是真的。唐宋八大家之一的韩愈，对李白和杜甫都很崇敬，他在《调张籍》一诗中说"李杜文章在，光焰万丈长"。孟棨在《本事诗·高逸第三》中，第一次称杜甫的诗为"诗史"："杜逢禄山之难，流离陇蜀，毕陈于诗，推见之隐，殆无遗事，故当时号为诗史。"这一说法在后世得到广泛的沿用，直至今日。

宋代诗人对杜甫的评价也很高，苏轼就说："诗至于杜子美。"黄庭坚评价："子美作诗，退之作文，无一字无来处，盖后人读书少，故谓杜韩自作此语耳。古之为文章者，直能陶冶万物，虽取古人陈言入翰墨，如灵丹一粒，点铁成金也。子美之诗法出审言，句法出庾信，但过之耳。"

关于"诗圣"这个名号，最开始并不专属于杜甫。南宋大儒朱熹称李白是"圣于诗者"，元代的蒲道源也称李白"圣于诗"。明代的杨慎称"唐则陈子昂海内文宗，李太白为古今诗圣"，但同时他也称杜甫为"诗圣"。或许那时的"诗圣"，只是指诗写得好或善于写诗的人，并不特指某一个人。与杨慎同时期及以后的一些文人，也有很多将李白和杜甫并称"诗圣"。

学者张忠纲先生认为，明代文人费宏是第一个将"诗圣"这个称号与杜甫单独联系起来的人。但费宏的原意是，夔州之后的杜甫，才堪称"诗圣"。与费宏同时期的孙承恩则认为"诗圣惟甫"。此后，人们渐渐形成了共识，到了清代，李白为"诗仙"，杜甫为"诗圣"，这种说法就已经无可争议了。

到了近现代，杜甫在人们心目中的地位并没有因岁月久远而淡漠，反而更加清晰和重要。

胡适说"我们终觉得杜甫能了解我们，我们也能了解杜甫"，这与鲁迅所言近似："杜甫似乎不是古人，就好像今天还活在我们堆里似的。"当下有越来越多的人走近杜甫、爱上杜甫。

人在年少时，喜欢李白，但到了一定年龄，经历了岁月和生活的磨砺之后，才能觉出杜甫的好。因为杜甫写的，是他经历过的真实、博大、宽厚、疼痛与甜蜜交织、悲与欣交集的烟火人间。而我们每个人，不论哪个时代，都活在这样的人间。

若杜甫泉下有知，对自己的诗句深受人欢迎当备感欣慰，不知这可否抵偿他生前的苦于一二？

参考书目

[1]朱东润. 杜甫叙论[M]. 武汉：华中科技大学出版社，2019.

[2]洪业. 杜甫：中国最伟大的诗人[M]. 曾祥波译. 上海：上海古籍出版社，2020.

[3]冯至. 杜甫传[M]. 北京：人民文学出版社，2019.

[4]孙微，张学芬. 杜甫传[M]. 成都：天地出版社，2020.

[5]莫砺锋. 杜甫评传[M]. 南京：南京大学出版社，2019.

[6]陈贻焮. 杜甫评传[M]. 北京：生活·读书·新知三联书店，2022.

[7]叶嘉莹. 叶嘉莹说杜甫诗[M]. 北京：中华书局，2018.

[8]聂作平. 《杜甫和他的间隔年》系列文章[N]. 新华每日电讯·草地周刊

[9]古川末喜. 杜甫农业诗研究：八世纪中国农事与生活之歌[M]. 董璐译. 西安：西北大学出版社，2018.

[10]葛晓音. 杜诗艺术与辨体[M]. 北京：北京大学出版社，2018.

[11]胡可先，咸晓婷主编. 杜甫研究新探索[M]. 杭州：浙江大学出版社，2023.